管人笔记

MANAGER'S NOTES

朱应召/著

哈尔滨出版社
HARBIN PUBLISHING HOUSE

图书在版编目（CIP）数据

管人笔记 / 朱应召著.—3版.—哈尔滨：哈尔滨出版社，2018.4

ISBN 978-7-5484-3779-6

Ⅰ.①管… Ⅱ.①朱… Ⅲ.①企业管理－劳资关系－通俗读物 Ⅳ.①F272.92-49

中国版本图书馆CIP数据核字（2017）第297834号

书　　名：管人笔记
作　　者：朱应召　著
责任编辑：赵　晶　姚春青
责任审校：李　战
封面设计：创意设计师·周源

出版发行：哈尔滨出版社（Harbin Publishing House）
社　　址：哈尔滨市松北区世坤路738号9号楼　　邮编：150028
经　　销：全国新华书店
印　　刷：哈尔滨市石桥印务有限公司
网　　址：www.hrbcbs.com　　www.mifengniao.com
E-mail：hrbcbs@yeah.net
编辑版权热线：（0451）87900271　87900272
销售热线：（0451）87900202　87900203
邮购热线：4006900345　（0451）87900345　87900256

开　　本：787mm×1092mm　　1/16　　印张：14.5　　字数：208千字
版　　次：2018年4月第3版
印　　次：2018年4月第1次印刷
书　　号：ISBN 978-7-5484-3779-6
定　　价：38.00元

凡购本社图书发现印装错误，请与本社印制部联系调换。
服务热线：（0451）87900278

目●录
CONTENTS

李嘉诚为什么花90%的时间考虑失败

《管人笔记》这本书描写了笔者所经历的众多失败老板失败的原因和过程，希望借此对企业经营者、管理者有所警示，对立志创业者有所启发。在写这部书的时候，我曾经读到一则《李嘉诚：花90%的时间考虑失败》的报道，读完后感触颇深。

李嘉诚是华人首富，即使在世界财富榜上，他也是排名靠前的超级大富豪。因此，国人对他并不陌生。他从"塑料花大王"变成"地产大王"，未来更可能成为"石油巨擘"。每跨入一个新行业，他虽不一定是行业的先行者，却总能成为行业的制胜者。

但是，真正能明白李嘉诚"屡次扩张不翻船"原因的人却是凤毛麟角，只知道他富却不知道他为什么富者却大有人在。尤其是一些企业老板，他们向往财富、追求财富的劲头甚至可以超过李嘉诚，有的还宣称要成为"李嘉诚第二"，但却很少有人认真思考过李嘉诚事业常青、成为财富超人的原因。

这些企业老板往往在一定程度上取得成功后就忘乎所以，认为自己无所不能，自己什么都能做到。这些老板只考虑赚钱成功后的快乐，而不考虑失败亏损后的打击，因此只能为自己埋下失败的种子。

所以，对于企业老板、创业者而言，先弄清楚李嘉诚成功的原因，其意义远远大于简单地把李嘉诚当做追赶的目标、不问青红皂白地追随效仿

来得更实在。

李嘉诚和大多数企业老板不一样，虽然他比绝大多数企业老板更有实力和资格，但是他却从来没有招摇过市。相反，他一直是谨小慎微的。他曾说："即使想到了，也要先想想是否能做到、是否能取得成功。如果做不到、失败了，将会对企业产生什么样的后果。"

他还说："假设在风和日丽的时候，你驾驶着以风推动的远洋船，当你离开港口时，你要先想到万一遭遇十号风球(香港以风球代表台风，十号风球相当于强烈台风)，你怎么才能应付。"

所以，李嘉诚不停地研究每个项目可能发生的坏情况下出现的问题，而且往往花90%的时间考虑失败。正是因为这样，这么多年来——从1950年到今天，李嘉诚的长江实业集团都没有出现贷款紧张、资金链断裂，以及濒临破产的情况。

用90%的时间思考失败，这绝对是一个会让绝大多数人震惊、让众多企业老板汗颜的数字。但对于李嘉诚而言，最宝贵的不是金钱，而是时间。可是，这样一个时间贵过金钱的人，竟然花90%的时间去考虑失败，实在太值得人深思了。一般人满脑子都想着怎么成功，而李嘉诚为什么要花这么多时间去考虑失败呢？

对于一般人只想着如何成功的做法，李嘉诚曾经告诫说："你一定要先想到失败，从前我们中国人有句做生意的老话，'未买先想卖'，你还没有买进来，就要先想怎么卖出去。你应该先想失败了会怎么样，自己能否经受得住失败的打击，如何做才能尽最大可能避免失败等等。"

李嘉诚认为，成功的结果是100%还是50%，这之间的差别根本不重要。但如果一个小漏洞不及早修补，却会带给企业极大损害。所以当一个项目发生亏损时，即使所涉金额不大，他也会和有关部门商量解决问题的方法，为此所付出的时间和精力是远远超乎这个漏洞在整项事业中所占比例的数倍乃至数十倍的。

无论多么庞大的机器，只要其中一个齿轮有一点点毛病，这台机器就会发生故障，甚至停止运行，最终整台机器损坏，以致完全不能使用。公司也是如此，只要有一个微小的问题没有被发现、没有被修复，就可能会导致整个企业的失败。

因此，作为企业经营者，了解企业运作过程中的每一个细节，对防止危机的发生是最重要的，因为它是避免失败最可靠的方法。对李嘉诚而言，现金流、公司负债的百分比是他一贯最注重的环节，他认为一个公司最重要的健康指针是，任何发展中的业务都要让业绩达到正数的现金流。

但是很多企业老板却并没有认识到这一点。比如在房价疯涨的前几年，房地产界曾经盛行"九个锅盖十口锅"的做法——不少公司都在现金流明显不足的情况下拼命扩张，不顾自己有多少现金，拼命买地，用第一个项目预售的钱来买第二块甚至第三块、第四块项目用地，往往是楼还没建好，就先用图纸卖出了楼房，然后用回笼的资金加上银行贷款再去继续扩张……

这种情况，在特定的时期内确实为房地产开发商带来了更快的扩张速度和更丰厚的利润。但是，随着国家经济宏观调控的具体化应用，银行紧缩银根，预售遭到了限制。这时候，他们的好日子就到头了，曾经以"九个锅盖十口锅"而闻名业界、一度被誉为"房地产界黑马"的某地产，就因此一败涂地，不得不低价将公司转让。

另外一家房地产公司的董事长曾在该地产公司声名鹊起的2004年，写过一篇描述其老板在当年的地产盛会上，如何"豪气冲天"演讲的文章：

某某集团是北方近年来异军突起的一支劲旅，仅去年（2003年）营业收入就高达40亿元，其老板孙宏斌在演讲时豪气冲天地断言，今年一定要突破100亿元大关，有记者问他这100亿元的目标会怎么实现，如果资金链绷得太紧，出现了万一时怎么办？

"没有万一！"他肯定地说。记者不放过，继续追问："万一有呢？"

"我说没有就没有！"他生气，甚至有些蛮横地接着说，"我说100亿元能完成就一定能完成，我这个人就是这个德行，说做到就一定做到！"

众人笑着鼓掌，有些鼓励的意味，他更来劲了，索性直截了当地宣布："我是什么？我就是一个二百五！"

掌声如潮，我笑出了眼泪。笑什么？只有自己才知道。

也许，大家都在拭目以待：明年，或是后年，在这样的场合里，他是否还会这样牛气冲天。

2004年，笔者刚好进入了一家房地产业策划公司工作。在恶补地产知识的同时，通过媒体扑天盖地的新闻报道和公司老板的极力推崇，知道了孙宏斌确实是这样一个"狂人"（当时不少媒体报道他时，都以"狂人孙宏斌"称之）。

可以说，当时的孙宏斌是一个从来不考虑失败的人，他认为自己所向披靡，他的人生字典里就没有"失败"二字。因此，他认为自己说一年销售100亿元就一定能销售100亿元。其实当年地产龙头万科企业股份有限公司的销售额也不过100亿元左右，而他却扬言要超越万科成为新的龙头企业，他坚定地认为不需要多久，自己的公司就一定能取代万科在业界的地位！

相比之下，李嘉诚就要朴实得多。尽管人家早就有了这样的资本和资历，但是绝对不会喊出这样的口号。因为李嘉诚在多年的从商经验中早就提炼出了"越大声叫嚣的人越可能会失败"的规律。真希望孙宏斌好好看看《李嘉诚：花90%的时间考虑失败》，那样他就不会用100%的时间去考虑成功，而没有用1%的时间去考虑失败。所以最后的结果只能是：到了2006年，他的公司就遭遇了100%的惨败，最终不得不以10亿元的低价转让，黯然地从房地产舞台上谢幕了。

在笔者的职业生涯中，还经历过一个自称是"中国活宝"、并请人写书宣传自己是"活宝"的老板。这个老板在放弃得心应手的主业、并全力进军一个新的行业之初，曾有记者采访他时质疑他对新行业一无所知，问他如何能保证适应这个行业，他竟以不容置疑的口吻说，正是因为自己对这个行业一无所知，所以进军这个行业才会取得成功，原因竟是"一张白纸最好画画"！

这是多么肤浅的想法！本应由老板认真思考的可能导致失败的弱点，他不仅不思考，当别人为他提出来时，他还认为这恰恰是自己的"优点"——

白纸上最好画画是不错，可是经营企业不是小孩子涂鸦，恣意涂抹是不可能画出名作的！而且老板作为一个企业的领导，应该充分认识到自己才是中坚力量，大家都要为同一个目标而奋斗。对于进军不熟悉的行业，这是很多大公司都很忌讳的问题，比如沃尔玛一直只在零售业、微软只在电子行业等等，其实最好的选择就是在自己熟悉的行业里发展。因为人是靠优点活着的！进入一个陌生的领域基本就等于宣判了自己的死刑。

可是偏偏有人就是愿意背道而驰，像笔者经历过一个老板，他是孙宏斌的坚定支持者，多次在公司大会上宣称"中国最有发展前景的企业就是孙宏斌的顺驰"，并以此号召大家要向有"夜总会"之称的顺驰学习，即员工天天加班到半夜。他希望自己的公司也能光荣地成为"夜总会"，让客户知道自己的公司员工都可以为了工作不睡觉，因此可以放心把业务交给自己做……

可是最后的结果呢？孙宏斌起码还把公司卖了10亿元，他却负债了上亿元。因此，看完《李嘉诚：花90%的时间考虑失败》之后，笔者觉得，这种类型的企业老板们，真的应该好好想想身为成功者的李嘉诚为什么要花这么多时间考虑失败，而事实上并不那么成功的自己，却一点都不肯考虑失败，只是一味贪功冒进，以致最终全军覆没。

李嘉诚曾说过："有一句话我一直牢牢记着——穷人易过，穷生意难过！你穷，吃不起好的白米，但可以买最便宜的米，还是可以过；人家吃肉，你可以吃菜，最便宜的菜，还是可以过；但是穷生意很难，非常难……"

其实李嘉诚所说的"穷生意"，并不是指针头线脑、茶水烟摊之类的小生意，而是指企业手中没有现金流的生意。即当一个企业冲着所谓的成功押上所有的家当，甚至背上高额债款去扩张，却不肯花点时间考虑失败、研究失败，把可能发生的失败扼制于萌芽之中时，这个企业做的，事实上就是"穷生意"，而且它离破产之日已经不远了。

李嘉诚在1950年创业，迄今为止长达61年的创业历程中，虽然历经两次石油危机、亚洲金融风暴、全球金融危机等国际国内多次的重大变革，但是他却从未有一年亏损，而且旗下的企业更是横跨55个国家和地区，成为了名副其实的"日不落"商业帝国。从这点上来说他无疑是成功的，而他成功的秘诀，很大程度上而言，是他对失败的重视，和他事先对可能发生的失败研究得深而广！

　　这就是李嘉诚用90%的时间考虑失败带给我们的启示，而这种启示，也是笔者写这本书的初衷所在！

不能只给员工画大饼

烈日炎炎，酷热难耐。

山道上，走来四个和尚和一匹马，他们边走边说话。

"徒弟们啊，白马啊，忍一忍吧！"这是唐僧的声音，"只要到了西天，修成正果，你们就……"

"省省吧你！"猪八戒第一个表示不满，"到了西天又能怎样？我最看不惯的就是你老给我们画大饼——什么到了西天、修成正果就如何如何，到时候修成了，那正果也是你唐老倌儿的，我们能捞到什么？"

"就是就是！"孙悟空接上了话茬儿，"师父，你说这一路拼拼打打都是俺老孙的事，你整天骑个白龙马跟在我们屁股后面走。遇到危险俺们先上，你吃苦在后；碰到功劳你先尝，而且还尝大头。这可太不公平了！"

"大师兄，得了吧。谁让他是老板咱是打工仔呢？"老实巴交的沙僧挑着行李，走得最慢，看事物也最透彻，"二师兄，你还别不信，这年头儿啊，老板就是专门给咱画大饼、哄着咱往前赶的人。要不，人家当老板干什么啊！"

"徒弟们，你们这样说可就太没良心了啊！想俺唐僧，把你猴头从五指山下救出来，对你有再造之恩；你八戒，触犯天条被罚入猪胎，保俺取经修成正果，好歹也没人敢看不起你；还有你这沙和尚，更是要本事没本事，还不像你二个师兄一样有话光明正大说出来，经常躲在他们背后说风凉话，你以为俺看不出来是不是啊？告诉你，要不是看在菩萨面子上，俺早就不要你、赶你回流沙河吃虾仁了！"

　　"老唐，你说起来还没完了！"白龙马一下子站住了，"照你这么说，俺也欠你一大堆人情了？俺不过吃你一匹马，俺身为龙种，吃匹马又算啥大事？都怪那多事的菩萨！其实让俺父王从龙宫里随便拿个珠宝珍玩出来，就能换几十上百匹马，甚至给你弄匹河马骑都不在话下。可是菩萨非要让俺变成马来驮你，结果你还屁颠屁颠地接受了。每天把臭屁股放在俺背上，弄得俺染了一背痔疮，你也不给俺买点痔疮灵擦擦，我说你也太过分了吧！"

　　说着，白龙就尥起蹶子，想把唐僧掀下来。

　　猪八戒在旁边看起热闹："嘻，真好看。师父，俺还没见过你摔跟头呢，今天是不是想表演一次给俺看看啊！"

　　"吁，吁……"唐僧不停地驾驭着马儿，"别闹了别闹了，赶路要紧，耽误了取经，看如来佛祖、观音菩萨用什么法儿罚你！"

　　一提到师父背后的大老板如来佛祖、二老板观音菩萨，大家都陷入了沉默，毕竟谁都对他们心存敬畏。白龙马更知道自己得罪不起，所以不得不停止吵闹，说："你骑着我赶路倒舒服，不过现在我累了，想要歇会儿！"

　　"好徒儿，你看这荒山野岭有什么好歇的，我们赶到前面有人家的地方再歇好不好？到那时，我喂你上好的草料！"

　　"真的？"

　　"真的！"

　　"不骗人？"

　　"不骗人。"说完，唐僧摸了摸马头，加上一句，"喂，你现在的形状像人吗……"

　　白龙马："……"

　　唐僧赶紧补上一句："我只能说不骗马！"

　　"如果你不骗马的话，我就尽快往前赶！"

　　说完，白龙马撒开步子，飞一般地超过了猪八戒和孙悟空。一会儿工夫就不见了踪影。

　　山道上遥遥传来唐僧的歌声："马儿呀你慢些走，你慢些走，我要把这美丽的景色看个够……"

　　"唉，你看这蠢马，不用大饼，一顿草料就把他哄得比神舟八号还快——

这样下去，大师兄你的筋斗云该下岗了！"猪八戒抹了抹脸上的汗，把背上的耙子往地上一撂，接着又对孙悟空说："出一身臭汗，不走了，歇会儿！"

"呆子，赶路吧，这段山路还有九曲十八弯，白龙马跑到天黑也跑不到头！"悟空扯着猪八戒的耳朵，继续说，"再不快点，师父出了差错，就又是俺老孙的责任了，快跟上！"

说完，悟空扭头招呼沙僧："沙师弟，俺和你二师兄先走一步，你挑着行李慢慢走吧。反正你不像那老贼秃，有人造谣说吃了他的肉长生不老，你的肉呢？估计吃了会立马毙命，所以你不用担心生命安全！"

"大师兄，等等俺，俺好歹担着咱们的全部财产，不担心生命安全，至少也要担心一下遇到劫匪什么的吧！"

"喂，行李里那几件破物件，给俺俺都不要，哪个瞎了眼的劫匪会来抢啊！"猪八戒一听来了气，"随便从高老庄拿件什么衣裳来，也比行李里的几件破袍子和袈裟值钱。"

"二师兄，你弄错了——俺不是怕劫财！"沙僧娇滴滴地说。

"那你怕什么？"

"俺是怕劫色！"说完，沙僧对他们抛了一个媚眼。

孙悟空和猪八戒集体晕倒。

【点评】

好领导要会描述愿景，
更要懂得兑现愿景

其实，类似唐僧这样的老板，在现实生活中还是占很大比例的，经常把"等实现某个工作目标，就给你们加薪升职配股份"挂在口头的老板更是数不胜数。

很少有老板从当下把员工的价值与其付出对等挂钩；相反，更多的则

以冠冕堂皇的理由为大家画个大饼，要求大家超时加班、不计报酬地工作。他们的理由是：你们不是为老板工作，是为自己工作！今天工作努力点，明天就能当老板！

这些说法虽然看似有理，结果也不能说不美好。怎么说为自己工作、自己当老板都是让人心驰神往。

可事实上，这些话根本就是一个美丽的空中大饼，不仅漏洞百出，而且不值一驳：如果真是为自己工作，那么，我把工作的一半收益归自己所有(姑且不说全部了)，老板你同意吗？我为自己工作，创造的利润分给你一半，我还谢天谢地地感谢你，行不？

退一步说，我也不要一半的收益了，只要老板按正常的、合理的标准支付加班费就行了，这要求合情合理合法，半点也不过分吧？可是现实中能够做到的老板有多少呢？

通过对不少打工朋友的咨询和了解，笔者发现有很多老板做不到这一点。这种类型的老板大多会义正词严地告诉员工："你为自己工作，却找我要加班费，这合理吗？"

比如笔者就经历过这样一个老板，他的公司有加班制度，但是却没有加班工资这一说。因此，公司的士气越来越低落，甚至到了日薄西山的地步。因为人才大量流失，老板不得不招新人来补充。

在流失的人才中也包括原来的行政经理，所以公司只能新招一个行政经理，专门负责公司的所有行政事务。

这个新经理雄心勃勃地想改变公司人心涣散、士气不振的现状，他提出了方方面面的改进意见后，还制订了一套新的加班制度，规定确因工作需要加班的，按职位不同，每加一小时的班有一元至六元不等的加班费。

这个制度往大了说，符合国家的相关政策，往小了说，受到所有员工的欢迎，是非常公平合理、可以极大提升员工工作热情的。

可是制度上报到老板手中，立即被老板"枪毙"了。不仅如此，这个行政经理还因此被开除了。理由是他损害了老板的利益，让老板除了工资外，还要付出加班费。

然而，老板却不想想让员工在下班后的时间加班，员工会不会不高兴呢？一个月要多工作多少小时啊，而且还不给加班费，这合不合情理、合不合法？

因此，那个经理离职时断言："这个公司撑不过三年，必倒！"

后来，不幸被他言中，老板不得不去为别人打工、给别人加班去了。

如果说这个老板不给加班费，也不为员工画大饼、吸引员工自愿加班，而是通过接近于强迫的手段让员工加班，因而显得不够档次，那么，笔者经历的另一个擅长画大饼的老板的手段就"高明"多了。

这个老板经常号召员工每天要"自愿加班"到最后一班公交车发车的时间（在那座城市里，末班车是晚上十点半发车），从而达到尽最大可能多压榨员工剩余价值的目的。

他说只有自愿加班到末班车发车的时间，才是热爱工作的员工，你的工作能力才会尽最大可能提高（这话倒是不错，可待遇却别想提高，否则你就准备找工作去吧），老板才会欣赏你，你才会有发展，以后才能有机会当老板……

可是，令人费解的是：老板为什么要强调末班车发车的时间，而不要求大家再多加会儿班呢？难道再多加一小时不能提得更高吗？

原来他也知道：错过了末班车，大家就只能打出租车回去。而他给的薪水，员工只能勉强够温饱，如果每天打出租车，肯定会吃不上饭。因为没有人会傻到自己出钱打出租车，必然会要找他报销打车费。

这样一来，他就要出血了。

所以，他就别出心裁地想出个与"末班车同时下班"的招数，让员工既为他多干了活，他又不必多出一分钱。毕竟没人会拿一两元钱的公交车票去找他报销嘛！

当然，光是想出这个主意还不行，还要画块大饼才能让人信服啊！于是，他的大饼就出炉了："你只有做到这样，老板才会欣赏，你才会有发展！"

看，这大饼多好！既有老板欣赏，又有发展，加班还有什么可说的？

那如果每天再多加一小时的班，比末班车还晚一小时下班，会不会更有发展呢？按理应该会吧，毕竟每天多工作了一小时，多提高了一点工作能力。

可答案却是否定的，因为那样就要找老板报销出租车费，而他一看到发票，脸就拉得老长，这样的一张脸还会懂得"欣赏"二字吗？员工还能得

到"发展"吗？

所以，这种老板虽然为员工画了大饼，但大家都心知肚明，那只是一块"空中大饼"，不管画得多么美妙，都是水中月镜中花，想要通过加班获得老板说的"发展"是不可能的。

因此，有些员工就以其人之道还治其人之身，明明正常上班时间可以完成的工作，硬是拖延到末班车发车的时间才完成。既没有多干活，又博得了辛勤工作的美名。

至于"今天工作努力点，明天就能当老板"，那更是鬼话。我觉得和人比起来，驴子工作够努力了，但似乎没听说过有驴子当上老板、指挥其他驴子干活的。

当然，拿驴子说事儿可能有人会认为这不符合实际，毕竟我们都是人。那就以人来说，也不是努力就能当上老板啊！土地里劳作的农民够努力吧？工地上的建筑工人够努力吧？黑砖窑里的工人够努力吧？

他们中有些人努力得甚至把命都搭上了，可有几个因为努力就当上了老板的？

换言之，如果真的"今天工作努力点，明天就能当老板"，那么我敢保证，全世界的老板估计都不会希望员工努力了，因为大家全努力得去自己当老板了，自己这一摊活儿谁干啊？靠他自己来"努力"给自己当老板吗？

所以，那些说法看似有理，但事实上只是一种变相的大饼。

正常来说，员工努力工作，提升自己的工作能力，并且通过工作得到合理的报酬，积累足够的资金，这样才有创业当老板的可能（也还不是一定就能当上老板）。而许多老板在忽悠员工要努力工作的同时，却从不提努力工作后应该得到的报酬，甚至连应付的加班费都不给。

如果你敢向他提出这方面的要求，他就敢叫你失去工作，然后以你为反面典型，告诉其余的员工："看，这人工作不努力，失业了。正所谓'今天工作不努力，明天努力找工作'啊。大家努力吧！"

我这样说，并不是全面否定努力工作的正面意义，而是认为，让员工努力工作没错，但不应该把努力工作应该得到相应的报酬这个事实隐藏起来，而去拿一块虚无的大饼来引诱人。

否则，街头摆地摊卖茶水的大娘也可以找个人告诉他："你来帮我卖茶水吧，等这生意做大了，我到美国上市、到日本开公司、到加拿大设办事处……那时我分给你百分之五十的股份，你就是亿万富翁了。"然后让人安心为自己打工，自己到一边歇凉去。

如果真的有人这样讲，还有人信以为真、愿意等这个大饼的话，那么这个人不是傻子就是疯子。因为正常人的反应往往是：我也不要你那些股份，也不做什么亿万富翁，我只希望我干了活，你给我工资，让我可以去买个面包吃就行！

所以，为了提高员工的工作热情，其实也确实需要适当画画饼，但是要讲究画饼的方式和技巧。

像故事中唐僧的画饼方式，就对白龙马起到了一定的督促作用，使他的工作热情立即大幅度提升，马上从一个想罢工的后进分子，变成了超越一切同事的积极分子。

如果唐僧把饼画得缥缈一点，说到了西天才喂他上好的草料，估计白龙马照样不干，因为那饼太遥远了，根本等不到实现就会饿死。

从这一点来说，不得不承认故事里的唐僧是个善于画饼的老板。

中国有句俗话："过河拆桥，卸磨杀驴。"

聪明的老板即使不从今天就把员工的价值与他的付出对等挂钩，至少也应该在适当的时候把真实的大饼拿出来犒劳一下辛勤工作的员工。千万不要像俗话所说的那样，等到了该出大饼的时候，就"过河拆桥，卸磨杀驴"。

那样的话，不管你画大饼的水平多么高超，画出的大饼多么诱人，也只能骗人一时，而不可能骗人一世。试想，白龙马驮着唐僧，找到人家之后，如果唐僧不兑现当初的诺言，下次白龙马还会这么拼命地驮着他快跑吗？

没有缺点的人不完美

暮色黄昏，夕阳斜挂。

山脚下，一座农家小院。

唐僧身后站着气喘吁吁的孙悟空、猪八戒和沙和尚，其中沙和尚是以半昏迷状态出现的。

"悟空，你去敲门！"唐僧命令道。

"上次是我，这次干吗又是我？"

"哦，为师忘了，这次该八戒了。"

"师父，你忘了，我刚拴过马，轮也该轮到你老唐了吧！"猪八戒不满。

此时，唐僧从衣袖里掏出一面镜子，美美地照了起来："为师长得这么帅，玉树临风，怎么能干敲门这样没面子的事呢？"

"那不行，我刚拴过马，这次我不干。"

"悟——空——"唐僧拉长声音叫道。

"师父，我真想不通敲门和长得帅有什么关系？长得帅就不能敲门吗？"悟空挠了挠头皮问道。

"为师让你敲门，自有为师的用意，别多嘴多舌。要你敲你就敲，不敲我就念紧箍咒！"说完，唐僧双手合十，摆出一副准备念咒的架势。

"师父莫念，莫念。"悟空急了，一把扯过八戒，"我们来剪刀石头布，谁输谁敲门！"

"就会欺负我，有本事你欺负一下唐老倌儿去啊！"八戒嘟囔道。

但他拗不过孙悟空，只得同意了。结果大家都知道，猪八戒前去敲门了。

门开了，农夫惊叫一声"有妖怪！"急欲关门。

悟空早闪进门内，叫道："不是妖怪，是你孙爷爷！"

农夫吃惊更甚，险些摔倒："哪里又来个雷公脸的和尚？"

这时，唐僧对镜整整衣装，风度翩翩，上前拱手一揖："这位老丈，休要惊慌。俺们不是妖怪，乃是从东土大唐而来，前往西天取经的和尚。"

农夫缓过气来："哦，和尚？对，你的头挺光的，上面还有几个疤，是老和尚给你烫的吧！"接着农夫又指着孙悟空和猪八戒，"那几个呢？"

唐僧微笑道："那几个是我的徒弟，他们长得丑，吓着你了。"

猪八戒画外音："你爷爷才长得丑呢！整天把我们长得丑挂在嘴上，长得丑怎么了？长得丑犯法吗？"

老丈看了看唐僧说："就你还像个人样，他们几个啊，长得实在只配劈了当柴烧！"

孙悟空道："你再说一遍，看我不揍你！"

老丈不敢看他，赶紧扭头对唐僧问道："敢问这位和尚，光临寒舍有何贵干啊？"

"今天天色将晚，欲在你家借住一宿，不知是否方便？"

农夫想说家里没地方住，但看看孙悟空，再望望猪八戒，到嘴边的"不"字又生生咽回了肚里。

"方便，方便，俺们这里方便得很呢：夜里不用上茅厕，出门就行，大便的话，就到门口菜园里……"

"老丈，俺们不要撒尿，也不要拉大便，俺们只是肚子饿了，想吃饭！"沙僧醒过来，把行李一撂说，"俺的肚子早就唱'空城计'了！"

老丈："哦，早说啊。只听说方便是拉屎撒尿的意思，还没听说过方便就是吃饭呢！"

唐僧师徒吃过饭，聚在厢房里话家常。

"师父，这一路行来，俺注意到你一个习惯，就是你从来不主动敲门，每次都要俺们去敲门，这是为什么呢？"猪八戒在昏暗的煤油灯下，百思不得其解，忍不住问道。

"这都不知道，师父要摆架子呗。他是老板，老板能去敲门，然后再让

咱们大摇大摆地进去吗？"沙和尚接过话头，对猪八戒说，"这是你问的第九百八十七个蠢问题了，问够一千个，就该你挑行李了！"

"悟净，你这样说可就不对了。"唐僧正色道，"为师从不主动敲门，虽然潜意识里也有你说的这么一点点摆架子的原因，但那根本不是主要的原因。其实如果你不说出来的话，为师甚至都没觉察到。你这么一说，反倒提醒为师了，以后为师不敲门就更有理由了——因为我是老板，我哪能干这些应该是你们干的活儿呢？"

"一边待着去！"孙悟空一把推开沙和尚，凑上前来，"师父，请你告诉我，你不敲门的主要原因是什么？"

唐僧看了看孙悟空，说道："猴头儿，你问这话是什么意思？莫非想了解真相，以后好对症下药，让为师不得不去敲门？"

孙悟空赶紧摇头："非也非也，古人云'朝闻道，夕死可矣'！俺们不过是想闻闻师父的'道'，即使闻后即死，也是死得其所、死得甘心啊！"

唐僧被悟空挠到了痒痒处，扬扬自得起来："这个好说，好说。真经还没取到手，为师哪舍得让你们死呢！不过，看在你们这么诚心的分上，为师就把这其中的关节说出来吧！"

说完，唐僧从衣袖中取出镜子，对着孙悟空、猪八戒、沙和尚各照了一遍："看准了，为师长得比你们都帅，这没错吧？"

孙悟空、猪八戒、沙和尚一齐点头："是比我们中看那么一点点——不过你也别得意，晚上灯没油了，我们就拿你的脑袋当电灯泡照明！"

"这就对了。"唐僧收起镜子，慢条斯理地说，"为师长得这么帅，一路行来，从没听过你们夸奖我一次。你们可知为师的心里难受啊？想来想去，这一路上只有我们四个相依为伴，你们不肯夸为师帅，为师就只好找别人了……"

"哦，你这老贼秃，原来你不敲门，是为了这个啊。指使我们先敲门，让人家以为我们是妖怪，然后看到你，拿我们一比，觉得你帅到天上去了！"猪八戒最先醒悟过来，"怪不得你一定要让我和大师兄敲，而从不让沙师弟敲呢。虽然没你白，但我们三个里头还就他像个人。让他去敲门，反衬效果不明显啊！"

说完，猪八戒摸到孙悟空抱头痛哭："大师兄，长得丑是我们的错吗？这日子没法过了啊！"

孙悟空边擦眼泪边说："师父，你想炒作自己帅，大可以用别的办法啊，别老是拿着那个缺点放大镜，有事没事就照我们，太伤我们自尊心了！"

"我一直以为师父不让我敲门是对我挑担重任的肯定，想让我省点力气，谁知道是为了不让我出头啊！"沙和尚也来了气，"师父你也太不仁义了，我一直纳闷咋走这么多地方，每个女的都想嫁给师父，没人肯嫁我呢，原来都是你刻意安排的啊，我抗议，下次我一定要敲门！"

沙和尚振臂高呼，声震屋顶……

【点评】.................

善用人者用其所长，避其所短

"金无足赤，人无完人"，这是老祖宗都懂得的道理。

但是，有些老板却偏偏不明白，他们总喜欢盯着下属的缺点，而忽略其优点。在平常的工作中，他们总是想着对方的缺点，因而在提拔人才时，经常受到莫大的局限：

他(她)不是科班出身，能胜任吗？却不去想他(她)曾做出了几个科班出身的人加一起也没做出的成绩；他(她)某些方面还不成熟，能胜任吗？却忽略了他(她)不成熟的方面和工作根本无关，有的甚至只是年龄不够成熟，能力早超过了许多一般的资深人士。

历史上甘罗12岁当宰相，曹冲五岁称大象，司马光七岁砸大缸……均成为千古佳话。可奇怪的是，现在总有一些老板，虽然也是念着"不拘一格降人才"的诗句长大，却根本不愿意"不拘一格用人才"。

试想，如果甘罗遇到这样的皇帝，别说当宰相，估计只能回家找乳娘。

原因是，这种类型的老板，手中时刻拿着一面缺点放大镜，看到的永远都是员工的不足和缺点，而对员工的优点和长处视而不见。

会用人的老板则恰好相反，他们眼睛盯着的是人才的优点，因而能够做到不拘一格用人才：

虽然他(她)某些方面有些欠缺，但是，其他方面还是不错的，我用的是这些方面，而不是他(她)欠缺的方面；虽然他(她)的经验还不丰富，但是，他(她)有扎实的理论基础，只要给机会，让其积累一下经验，是完全能胜任这份工作的；虽然他(她)……但是，他(她)……

结果，同样一个人，在不同老板的手下，发挥的作用是完全不一样的。

"良禽择木而栖，贤臣择主而事"，因此，即使是同一个人，换了不同的老板，其际遇和发展也很有可能不一样，甚至是完全相反的。

作为老板，如果总是盯着员工的缺点，那么他注定是无法发挥人才最大的作用的；相反，如果老板经常想着员工的长处，对之进行有效的激励和鼓励，放手给其发挥，那么即使一个普通的人也会发挥不普通的作用。

正像企业管理界的一句名言："垃圾只是放错了地方的宝贝。"

这句话同样可以引申到人才方面：企业竞争就是人才的竞争，企业的成败在很大程度上取决于企业对人才如何培养和使用。

不少企业老板总喊着企业经营搞不上去，认为企业没有人才。事实并不是这样，而是企业不会用人才或把人才放错了位置——只要放对了位置，不管是多么普通的人，都能发挥其作用。

据2009年第11期《致富时代》杂志报道：湖南安仁有家名叫"结实"的砖瓦建材厂，2004年至2007年企业连年亏损，老板没辙了，就找经营管理专家钟世华为其诊断、拿主意。

钟世华了解情况后对他说，厂子效益不好的主要原因不是没有人才，而是你不会用人才，把人才用错了地方。如果改变看人的眼光和用人的方式，发挥他们的聪明才干，一年之后厂子的状况就会改观。

钟世华走之前对工厂人员的调整留下了一份建议，"结实"砖瓦建材厂老板采纳了钟世华的建议：

把能说会道并且有一定社会关系的办公室副主任调到市场部做推销经理；把原来守门的、有33年烧砖瓦经验的老孙头安排为"火工"技术员，把做砖瓦技术过硬、为人正直的孙平提拔为质量标准监督检查员……

与此同时，厂里还采取效益与工资、奖金挂钩的制度。结果不到半年，产品的质量提高了，市场打开了，产品销量上去了，企业从而取得了长足的发展。

"结实"砖瓦建材厂扭亏为盈的事例说明：对于企业经营者来说，缺点放大镜是最要不得的一个工具。相反，企业经营者应该大用特用优点放大镜，找出员工的优点长处并加以利用。

当用对了员工的优点长处，让其发挥作用的时候，不仅员工得以施展所长，企业也可以获得相应的发展！

然而，现实生活中，却有不少人没有明白这一点——一些企业老板在用人的时候，往往反其道而行之，只盯着员工的短处。

这些老板信奉"木桶理论"，认为一个人能取得多大的成就，取决于最短的那块"木板"，也就是这个人的短处。因此，在用人之前，往往先掂量人的短处都有哪些。

经过前面的讨论，我们可以明确地说，这种做法是错误的，也注定不会取得好的效果。因为一个人能取得多大的成就取决于什么，和老板如何用人、是用人的长处还是用人的短处，是完全不同的两码事。

毕竟人不是木桶，人做事也不是用木桶装水。因为用木桶装水的话，就不可能把木桶做成长长短短的样子，而是会把木桶的所有木板弄得一样长。

用人做事如果也像用木桶装水一样，就要把人的所有长处都"锯"掉，使其所有的长处都变得和短处一样"短"！

如果真的有老板这样用人，恐怕所有人都会认为：他不是神经病就是羊癫疯！别说成功，不失败就万事大吉了！

由上面我们可以分析出，从一定程度上来说，"木桶理论"只是一种针对木桶的理论，根本不适用于活生生的人。

可遗憾的是一些老板把木桶当成了人来看待，或者说是把人当成了木桶来看待。所以"木桶理论"就成了许多企业的用人法宝——它提醒用人者盯着最短的那块木板（员工的短处），却忽略了最长木板（员工的长处）的用途。

笔者觉得，"木桶理论"更适用于个人反省，找出自己的缺点短处进行改进，而并不适合老板将之运用到企业管理中来。

但在现实生活中，许多老板恰恰没搞明白这一点，以用木桶打水的方式来用人，这不能不说是企业管理的一大误区。

除此之外，还有一些老板喜欢把目光盯着员工的缺点、短处，其实是出于一些特殊的目的。

比如笔者认识的一个老板，最喜欢的就是拿着缺点放大镜找员工的短处，而对员工的优点和长处则不仅是故意、而且是恶意地视而不见。因为他的目的是找出员工的短处，并以此作为要挟员工不要奢望提高待遇的法宝。

比如，他手下有优秀的文案人员，承担着公司的文字工作。实际上这种工作就是利用员工的文笔、思维、创意等长处，和性格内向外向、口才如何关联性不大，可老板偏以该员工性格内向、口才不佳为由，想方设法拖延为员工提高待遇的时间。因为他认为该员工口才不佳，性格内向，出去找工作也不容易。

而他手下优秀的业务人员，大部分口才不错，但如果让他们形成文字方案，就明显是赶鸭子上架。因此，老板就以此为由，拒绝支付他们应得的提成和奖金。"你看，你该交的提案都没交，我还要安排文案人员为你撰写。现在社会需要复合型、'全拿型'人才，你有着明显的不足，抓紧提高吧！等你提高了、成了全拿型复合人才，就没人敢扣你钱了，反而要想办法给你加钱了……"

在这种情况下，员工的缺点、短处，事实上成了他克扣工资、提成和奖金的法宝，就连员工生活中的困难，也被他进行了充分的利用——得知哪个员工家庭生活困难，或出了天灾人祸，急需用钱，他就会心里暗喜，不仅不捐款，还时不时大会小会暗示大家现在业务不好，公司考虑裁员，如果不努力工作，就可能会在裁员榜上云云。

以致那些"手停口停"（就是说一个人如果不工作就会没饭吃）的员工，即使明知道老板的这套鬼把戏，也不敢表露出半点不满，还不得不违心地对老板表示感谢，感谢他使自己得以保住饭碗……

这样的老板，每天握着一面缺点放大镜对着员工，既不是为了帮助员工找出缺点进行改进，也不是没有水平、发现不了员工的长处（事实上他用人还是用长处的），而只是为了从员工的缺点、短处甚至困难中找出克扣粮饷的机会。

因此可以说，这样的老板虽然短期内占了点便宜，但放长远看，吃亏的必定是他自己。

现在抛开这种上不得台面、堪称心理阴暗、靠耍点小聪明剥削员工的老板不谈，来谈谈聪明的老板是如何用人的：常人眼中的短处，在有智慧的老板、管理者看来，短即是长的对立面。有其短处，就一定有其相对应的长处，即所谓"尺有所短，寸有所长"。

聪明的老板、管理者就如同上面讲到的那位"西邻"，善于用人之短，从常人眼中的短处里挖掘出可以利用的长处。

比如让老实不太爱说话、性格内向的人做具体的行政性事务；让太爱说、性格活泼、屁股坐不到凳子上的人做业务搞外交；让不善言谈、肯思考的人负责策划等等……

让他们把劲儿用对地方，使他们得以扬长避短，为企业和团队做出业绩。

每个人都有其长处，也有其短处。因此，扬长避短显得越发重要。即使神通广大如孙悟空者，也有着不得不退避三舍的时候：

《西游记》中唐僧师徒过车迟国斗虎力、鹿力、羊力三妖时，其他的比斗都是由孙悟空出马，但是，当"虎力大仙"提出要比打坐时，孙悟空却开始头痛了。因为打坐是孙悟空的短处，就是捆在铁柱子上，也要爬上爬下，根本坐不住。

所以，唐僧选择了自己和"虎力大仙"比试。因为打坐是唐僧的长项，用唐僧的话来说："坐上个三二年都无妨！"所以，他们最终赢得了这场比赛。

这个故事同样说明企业管理者应该帮助员工扬长避短的道理：神通广大如孙悟空者，尚还有其无法改变的缺点、短处，更何况我们普通人呢？

因此，企业老板、管理者不要再抱着"木桶理论"的陈腐观念，把一个个活生生的员工当成一只只死板的木桶。毕竟，企业经营是用员工做事，而不是用木桶打水。

企业老板、管理者应该不仅能知人长，而且能容人短。员工有短处不要紧，重要的是老板学会在用人的时候扬长避短，而不是反过来把目光只盯着员工的短处。那样的话，不为企业造成损失就值得庆幸了，更别提为企业创造效益了。

记住：同样是一块煤，用得好了就燃烧，用得不好就冒烟！

这也正是老板、企业管理者应该领悟的道理。想让你的员工为你燃烧着工作，就要尽快抛掉你心中那面时刻对着员工的"缺点放大镜"，更不要像上文提到的那位老板一样，把员工的缺点短处当做剥削员工的不二法宝。

因为，你对员工苛刻一分，收获的可能是员工对工作的十倍懈怠；而对员工宽容一分，员工还你的，则可能是百倍的工作激情！

把工作摇身变享受

天亮了。

公鸡刚打了半声鸣，孙悟空从被窝里伸手捏住了它的嘴巴："嘘，别吵，让我们再睡会儿！"

唐僧惊醒："你这猴头儿，每次闹钟响你都把它关上，到底还想不想取经啊？"

八戒："师父再睡会儿嘛！"

"睡你个头啊，快起来上班！"

"唐扒皮！"猪八戒边穿衣服边嘟囔，"师父，我发现你越来越不讨人喜欢了！"

大家起床。

唐僧边穿衣服边说："为师刚才想起白龙马了。原本说喂他好草料的，结果昨夜只顾打麻将，把这事忘了，就连青草都忘了给他。八戒，你去看看他起床了没有，顺便把为师昨夜吃剩的夜宵带去给他当早餐。"

八戒："哪来的夜宵？师父，你又偷吃嘴了！"见唐僧一脸愠怒，八戒赶紧拿着烟灰缸走了出去。

过了一会儿，屋外传来猪八戒的叫声："你不吃早餐就罢了，踢我干吗？"

"踢的就是你这只肥头大耳的猪！你看你给我吃的是什么？"

"我拿错了东西你也不应该踢我啊！上次师父把夜壶当水壶递给你，也没见你踢师父啊！"

"踢他？他是师父，我敢吗？"

"那猴头儿曾经拔你的尾毛做毽子，也没见你踢他啊！"

"他那是给我的尾巴除杂毛，我踢他干吗？"

"那你踢沙僧啊！"

"沙僧没惹我，我犯得着吗？"

"合着你是看我好欺负啊！告诉你，今天我老猪就要惹惹你，爱吃不吃，不吃拉倒，我还不给你了！"

说完，八戒拿着烟灰缸回来了："师父，那瘟马不吃早餐，我们吃点东西上路吧！"

唐僧道："阿弥陀佛，又给贫僧省一餐！"

猪八戒把藏在床底下的半盒鱿鱼丝装进了自己衣兜："留着路上吃！"

师徒四个吃完早餐，向主人告辞："老丈，打扰了，你家的农家菜做得真不赖，下次出来旅游，还到你家打牙祭！"

农夫："你们太小气了，四个人才给一个人的钱，还要我打八折，加送果盘，下次别来我家了！"

唐僧让沙僧去牵马，被白龙马顶了回去："你跟唐老倌儿说，老子今天不干了，让他结工钱！"

唐僧："马呀，怎么了？闹什么情绪啊？"

白龙马："昨天说得好好的喂好草料，结果到现在啥都没吃着，那头猪一早又拿个烟灰缸让我吃你们昨晚打麻将时吸剩的烟屁股，这日子咋过啊？我不干了！"

"不干？我们可是签了合同的！"唐僧从兜里掏出一张皱巴巴的纸，在白马面前扬了扬："你是合同工，不是临时工，不能说不干就不干的！"

白龙马："喂，老子卖给你了吗？"

悟空走过来，拍拍马头："兄弟，使点小性子刁难一下师父吧，这老秃驴越来越不像话了，昨天竟然让我给他倒尿盆！"

唐僧："严肃点，我正做白龙马的思想工作呢。白龙马，你想旷工是不是？"

"旷工？旷工干吗？告诉你，马大爷我不干了——不是旷工，是辞职！"

唐僧小声地说："我是师父，当着老丈的面，给个面子行不？"

"不行！"

沙僧走过来，"师父你这样顶鬼用啊？画的大饼不兑现，再做思想工作人家也不给你干活！当人家傻帽儿呀？"

"你管住自己不傻帽儿就行了，再说我踢你。"唐僧回头对白龙马说，"马，我再问你一遍，你干还是不干？"

"不干！"

"好，我念紧箍咒！"

"喂，白龙马不干活，你咒我干吗？"孙悟空捂着头跳了起来。

"我要你给我收拾他！"

"苍天啊，大地啊，各位看官啊，没天理不让人活了啊……"悟空仰天长叹。

叹完气，孙悟空从耳朵里拿出绣花针，对白龙马说："你再不干，我在你额头刺字！"

白龙马："刺字也不干！"

"那我在你屁股上扎针！"

"扎针也不干！"

"我用绳子捆住你的嘴，不让你吃饭！"

"我把嘴伸进河里喝水！"

"那我往河里撒尿，让你喝我的尿！"

"那自有龙王告你污染环境！"

悟空掉转头："师父，我没办法！"

唐僧双手合十："我念……+**……#！·¥#！¥……（念咒）"

孙悟空急了："师父莫念，莫念！我给你收拾他，给你收拾他！"

悟空再次掉回头，面对白龙马："干不干？再不干，我用金箍棒堵住你的屁眼儿，让你拉不出屎！"

白龙马想了想："大师兄你别这么缺德行不？明知道人家拉不出屎会憋死！"

孙悟空："不缺德不行了，唐老倌儿念咒呢。说，干还是不干？"

白龙马思忖："虽然昨天没吃草，但肚子里还有点屎没拉出来，给他堵上，还真拉不出来。人家都说一分钱难倒英雄汉，却不知一粒屎也能憋死白龙马。"

想到这儿，他大叫道："算了，干啦！不过，你得给我找点草来，吃饱肚子好干活！"

悟空："我给你找几斤汽油喝吧，喝了比摩托跑得还快，而且不累！"

八戒："晕，见过喝汽油的马吗？那是汽水——碳酸汽水，喝前摇一摇！"说着，八戒从裤兜里掏出半瓶可乐递给白龙马，"喝吧，路上多撒几泡可乐味儿的尿，让人家知道咱们从这儿走过！"

"好，摇一摇，摇一摇啊摇一摇！"

白龙马喝着汽水，摇起了肚子！

师徒四人重又上路。

音乐起：你挑着担，他牵着马，我驮的师父抽着大雪茄……

【点评】

不让下属带着情绪去工作

日常生活中，有许多类似唐僧这样的老板，无视员工的合理需求，通过各种各样的手段任意践踏员工的合法权益，使员工失去工作的热情。

虽然为了糊口，员工不得不继续为老板工作，但却已经不是发自内心，而完全是为了应付老板。

这种带着情绪的工作，比起员工积极主动的工作，效率差了何止十倍？

而且员工负气工作，出差错的概率也大得多。如果把员工逼到极限，不仅会招来罢工的对抗，甚至可能引来种种形式的报复：消极怠工，故意出错，甚至明里暗里投靠竞争对手、为老板带来更大的损失等等。

比如笔者认识的一个老板，数年前还是全国闻名的亿万富翁、行业大鳄，然而，几年过去了，最近竟然听闻其沦为了破落户，据说连吃早餐都要赊账。

这个老板，笔者非常熟悉，以前曾为之打过几年工，深刻了解其为人：他发家于"肯吃亏"，然而发家后，却变成个精明得不得了、与人打交道(尤其是员工)只会占便宜而不会吃亏的人物。

为何这个老板发家后占了这么多便宜，却不仅没有更发达，反而还败落了呢？

笔者以为，究其原因，是由于他占了员工的便宜，导致员工窝气上火，从而背地里拆他台的缘故。诸君如果不信，这里试举几例说明。

事例一：该老板的公司在转战一个新的行业拓展业务之初，规定凡能为公司拉来业务者，均按所拉业务金额的百分之二给予提成。

有个新加盟公司的业务经理刚一上任，就拉来自己以前的一个客户。而且这个客户还初步打算与公司做三百万元的业务，如果做得顺利，后续再追加二百万元。

然而，当业务经理把客户带到公司参观、谈判时，老板却对业务经理说："这个客户是你的朋友，你不方便与他谈价钱，你就不要参与了，由我直接和客户谈吧。"

业务经理当然不便反驳老板，而且他夹在中间也确实为难：一边要帮老板抬高价格，对不起客户；一边又要帮客户降低价格，老板又不答应。

于是，他就退出了谈判，让老板和客户直接沟通。

结果，老板顺利地谈成了业务，三百万元也汇到了公司账上。然而，老板却从此闭口不谈给业务经理提成的事了。

当业务经理提到此事时，老板竟然反问："这笔业务你没参加谈判，凭什么要求提成呢？"

这样在这笔业务中，老板冠冕堂皇地扣下了业务经理的六万元提成，少支出了六万元，算是占了不小的便宜。要知道，当时这位业务经理一年的工资还不到六万元呢！

这个业务经理从此就成了"反业务经理"，他不仅不去主动拉客户，而且当有客户找上门来时，他还通过种种方式暗示对方：这个老板不守信用，与其合作风险极大。

结果，一年不到，他就在老板不知情的情况下，悄悄推掉了1200余万元的业务。这回老板算是贪小便宜吃了大亏。

而投入了三百万元的那个客户，也在这个老板身上吃了亏：由于高端产品质量不过硬，和同类产品相比竞争力明显不够，而且宣传力度也不

足，引不起高端消费者的关注等各方面的原因，导致销售不畅。

所以，客户想要调换其他中低档的产品。然而，老板却因为中低档产品虽然容易销售，利润却相对较低而不予调换。

结果，客户的三百万元换回了一批积压的库存，不仅没有得到利润，还把资金都压住了，害得客户几乎跌入破产的境地，原本准备好的后续二百万元的业务自然也告吹了。

从此，这个客户通过口碑相传，他的朋友、客户也都不敢与这个老板做生意了。

事例二：后来，在众多经销商"缺乏广告力度、产品销售困难"的一致反映下，这个老板决定加大宣传力度。而要加大宣传力度，首要的事就是要拍一则好的广告。

可是，找了几家广告公司，写来的广告脚本都差强人意。这时，老板才想起自己公司里有几个文笔不错的员工，经常在报纸、杂志上发表文章，有的还获过全国大奖。

于是，他就在公司内部悬赏征集，说如果有人写出合用的脚本，将给予一定奖励。

由于对公司的产品了解，所以很快便有个"笔杆子员工"创作出了一则独特的广告脚本。交上去之后，所有人都拍案叫好，老板看后也兴奋异常，决定就用这个广告创意。

然而，却没有一个人把这消息告诉这位员工，老板更不去想应该兑现自己承诺过的奖励。

直至广告拍成、播放样片的时候，该员工才发现：除了拍摄的场地和自己创意稿中的不同之外，其他所有内容都完全一致，广告对白更是一个字都没有改。

于是，这位员工写信给老板，委婉地提到了此事，说不管给予多少奖励，都是对自己劳动的一种肯定，会激励所有员工更加努力地为公司工作！而像现在这样，既没有奖励，也没有表扬，甚至根本没人承认这是自己的作品，是非常不尊重员工的劳动的，会打击员工工作的积极性和主动性。

不料，老板看过信，却以广告内容有改动(改了拍摄场地)为由，说采用的不是这位员工的创意："你看，这个场景你写的是在甲街道拍摄，我们

是在乙街道拍摄的；那个场景你写的是在别墅拍，我们是在酒店拍的……这和你写的完全不相干——不是我不愿意给你奖励，而是我采用的根本不是你的作品，怎么能给你钱呢？"

由此，该老板又"节省"了一笔广告创意费，成功地占了一次便宜：如果采用的是最初他找的广告公司写的脚本，肯定不能不付费；然而，现在采用的是自己公司员工创作的脚本，稍微改动一下，再不承认是他的创意，不怕他能翻出什么浪花来。

果然，后来这个广告在中央电视台、凤凰卫视以及全国几十家地方电视台播出，这位员工却别说得到应得的奖励，竟然连赞赏的话都未获得一句，甚至根本无从证明这则广告是自己的创意。

当他再次向老板提出此事、希望得到合理的答复时，竟得到"外面大学生遍地是，不愿意干可以走人"的答复；而他为公司产品写的大量宣传文章，也被老板拿去在全国各大媒体不署名地发表，同样没有对他打一声招呼——他发现自己的文章被匿名发表，是在报社向公司寄回的样报上偶然发现的！

这个员工感觉老板一点也不尊重员工的智慧和劳动，跟着这样的老板没有前途，于是，他愤而辞职。

不久，这个"笔杆子"就撰写了大量关于该老板如何欺骗客户、如何压榨员工的负面报道，发表在各地的报刊杂志上。老板一下子臭名远扬，业务更加难以开展了……

不久，业务部门的所有员工忽然集体于同一天不辞而别，去了竞争对手的公司任职，从而造成该老板公司的业务陷于瘫痪。

客户一拨又一拨地要求换货、退货，他们在公司大吵大闹，影响了办公，也吓跑了前来联系业务的新客户！

职业经理人一个又一个地离职而去，离去后争先恐后地找媒体爆料，揭露公司的黑幕……

可以说，老板因为这些员工的"反水"，付出了百倍、甚至千倍的代价。毕竟那些离开的员工都或多或少掌握着他的一些商业秘密，现在却成了他竞争对手的人。

而那些负面报道，则造成了打多少广告都挽回不了的恶劣影响……结果，短短几年时间，这个老板就从亿万富翁变成了"亿万负翁"。

因此，明智的老板应该尊重员工：一方面尊重员工的人格，与员工平等相处；另一方面尊重员工的劳动，让员工劳有所得。

不让员工饿着肚子干活是对老板最起码的道德要求，让员工在合理范围内得到更大的利益，以此作为催化剂，提高员工的工作积极性，则是老板应该重点考虑的问题之一。

作为一个老板，如果能做到这两点，那么，即使事业出现波折，员工也会不离不弃，与之共渡难关；相反，如果老板做不到这两点，那么，不管家底有多么厚，都无法逃脱被员工抛弃，甚至走上倒闭破产的命运！

要知道，老板的利益是利益，员工的利益也不应该是空气！

无法完成的任务，绝不是好任务

"师父，日过晌午，该歇歇吃午饭了！"

白龙马满头大汗，气喘吁吁地对唐僧说。

"收到！"唐僧跳下马来，掸了掸衣服上的土，"徒弟们，现在走到哪了啊，离西天还有多少公里？"

沙僧放下行李，取出地图，看了看，说："师父，这里是四水山，离西天还有几光年的马程呢！"

"哇，这么远啊！好，就在这里歇歇吧，为师口干得很，悟空，想点办法！"

"师父，这四水山因有四种水而得名——有康师傅溪、娃哈哈河、怡宝泉和益力涧，您要喝什么水？"

"来点加碘啤酒吧！"唐僧摘下墨镜，挂在领口，转换了话题："为师这身打扮怎么样？"

孙悟空生气了："师父你有病啊？我不是告诉你了吗——这里只有康师傅溪、娃哈哈河、怡宝泉和益力涧，没有啤酒，更没有加碘啤酒！"

"可为师只想喝加碘啤酒呀，而且要冰镇的！"

"没有怎么办？"悟空一气，牙疼又犯了，捂着腮帮子直跳。

"想办法呗！"唐僧摆弄着领口上的墨镜，头也不抬。

"想什么办法？"

"那是你的事，我的事是喝加碘啤酒，外加两个烧鸡腿！"

"喂，你讲不讲理啊？"

"讲理，我当然讲理啦——我不是经常给你们讲执行力吗？对于一个好员工来说，执行力是最重要的能力之一。听说过《致加西亚的信》吗？给我背一遍！"

悟空："#%——y¥——#·#·%……——%¥%……（背诵中）"

"好，背得不错！对照一下不可能完成的任务和加西亚的'送信人'，你明白该怎么做了吧？"

"哗哗哗……"白龙马跷着腿，撒起了尿。

"好大一股可乐味啊！"唐僧吸了吸鼻子，"八戒，是你的杰作吧——悟空，你到底干是不干？"

"好，我立即执行！"悟空拿了葫芦转身就走。

八戒跟上来："大师兄，从来都没听说过加碘啤酒，你怎么执行啊？"

孙悟空："想知道我怎么执行吗？那就跟我来吧！"

悟空和八戒来到一个背阴的山洞，到山洞旁边的溪流里喝了个饱，又摘了几斤野果好好吃了一顿。

"躺下睡会儿！"悟空打着饱嗝说。

说完，就躺到了地上，拿出MP3听起流行歌曲《糊弄老板不是我的错》。

"师兄，这可不是你的风格啊，这是俺老猪做的事儿，你怎么学我呢？"

"什么风格不风格的，唐老倌儿不讲理，咱干吗给他卖命？"

"说得有道理，可是，我们只顾睡觉，回去拿什么交差呀？"

"这你甭管，我自有办法！"

两个人睡到天将傍晚，才揉着惺忪的睡眼起来。

"哎哟，我膀胱都快胀炸了！"八戒捂着肚子叫，"都怪你猴哥，明知道我憋尿，也不喊我起来撒一撒！"八戒边说边解裤带。

"呆子，别撒，撒了拿什么回去交差啊？"

悟空说着，取出唐僧的酒葫芦："来，撒在这里面！"

"啊？用这个啊，太浪费了吧，这是师父用来装酒的啊！"

"管他呢，谁让他给我们布置不可能完成的任务的？不这样能交差吗？"

"是啊，这个唐老倌儿，太不近人情了，总是强调执行力，讲什么重结果不重过程，没过程，能有结果吗？"

"就是就是！"悟空也解开裤带，对着酒葫芦，卖力地撒了起来，边撒边说，"说起来，还是白龙马的可乐尿启发了我，我才想到这个点子的。反正世上本无加碘啤酒，唐老倌儿哪知道是不是啊！"

"这下可够师父喝一壶的了！"猪八戒捂着嘴偷乐说，"师兄，猴尿加猪尿，会是什么味儿？"

"加碘啤酒味儿，你尝一口就知道了！"

"我才不尝呢！"猪八戒笑得见牙不见眼，"哎，师兄啊，师父老说我们两个经常斗嘴，尿不到一个壶里去。你看，这不是尿到一个壶里了吗？哈哈！哎哟满了，往外溢了，快，快打住……"

孙悟空把酒葫芦放在溪流里，念了几句咒，流水立即冻结成冰，把葫芦冻在了里面。

两个人破冰取出葫芦，用衣服小心地包好，驾起云头，回到唐僧面前。

沙僧急不可待，抓过葫芦拔掉塞子就要喝，被悟空一把扯住："且慢，这是给师父打的冰镇加碘啤酒，没你的份儿！"

沙僧可怜巴巴地说："师兄，至少你们也给我捎一瓶康师傅奶水啊，大不了我给钱，这样太不够意思了吧！"

"去，康师傅又不是奶牛，上哪给你挤奶水去？"悟空说着，把葫芦递给唐僧，"师父，快喝吧，冰镇的，热了就不好喝了！"

唐僧接过葫芦，喝了一口："悟空，这是什么酒，怎么这味儿有点不对啊？"

"师父，这是加碘纯生，啤酒的升级换代产品，城里流行这个。这可比啤酒味儿醇多了，而且价钱也不贵！"

"哦，是吗？"唐僧一仰脖，把葫芦里的尿喝了个底朝天，然后咂咂嘴，品了品味道，"嗯，确实不错。悟空，既然便宜，就辛苦你再跑一趟，多打一葫芦，留着为师路上喝！"

八戒傻眼了："啊，师父，你还要啊！猴哥，我肚子胀坏了，别叫我！"说着躲到了一边。

悟空拉着沙僧："沙师弟，你不是想喝康师傅奶水吗，走，跟哥哥一起

去，哥哥请你喝免费的绿茶……"

【点评】

为下属订立一个合理的工作目标

时下，许多老板喜欢对员工拿执行力说事儿，在公司里大力提倡"只看结果，不看过程"的管理理念。

这种要求对于在劳资关系中处于弱势的员工来说是一种强权主义。不管员工心中有多少委屈和无奈，都不得不按老板的要求办事。

当然，因为是"不可能完成的任务"，最终的结果如何，就可想而知了。

就像文中的孙悟空被唐僧要求买并不存在的加碘啤酒一样，不少员工经常会遇到老板提出类似的无理要求。比如说：让自己在一定的时间内完成明显超出员工能力的工作，或者被要求完成根本不可能完成的任务。

这样的要求，怎么可能得到员工的信服？更别说使员工努力工作、尽心完成任务了。即使完成，也必定像故事中的孙悟空一样，通过弄虚作假来搪塞老板，而根本不可能真正地完成任务！

比如笔者就曾经经历过一个老板，他在社会上有一定的知名度，可是，他的名气却是靠自我炒作换来的，用他自己的话说，就是"我不打算要脸皮。为了出名，只要不违法的事，啥都愿意干！"

用这种方式换来的名气当然不会受人尊重，然而，他却很享受这种"名气"，一边请人为自己写传记，一边大肆地宣传自己。

传记写好了，出版了。不过传记中却刻画了一个玩弄权术、玩弄女人、还有了私生女的暴发户的丑恶嘴脸。

这样的一本传记明显有违社会道德和风气，一个爱惜名声的老板，根本不会同意出这样的传记可他却不以为然。他不仅自己逢人就签上大名送一本，还要求手下的员工联系全国各地的报纸进行连载，下达的任务是每月要找到20家报纸连载这本传记。

他的想法是全国各地的报纸数不胜数，省报、市报、县报、乡镇报，日报、晚报、都市报、晨报、午报……林林总总，即便不包括企业报、厂报、校报等非公开发行的，总量也得有上万家，那么在上万家报纸中找到20家报纸连载，才万分之二十的比例，算什么难事？

事实却不是这样的，大家都知道，报社对于选用什么样的稿子是有其原则的，虽然会有一些不入流的小报小刊为了博出位而采用，但大多数有社会责任感、有职业正义感的媒体都会拒绝这种没有正面意义的作品。而且如果一个地区有一家报纸杂志进行连载，其他的报纸杂志就不会再去做同样的事情。

可这个老板却偏偏希望所有的报纸都采用他的传记，因此便下达了一个月完成20家报纸的任务。他还认为难度并不大：一年下来，才240家报纸采用，这任务量和全国上万份报纸的总量比起来，是多么微不足道，怎么会不容易完成呢？

因此，接到这项任务的几个员工从那开始天天打电话，还发动其他同事有空就帮自己打，每天都在与全国各地的报社进行协商。

结果电话费花了不少，样书也寄了几千本，甚至还对愿意刊登的报社通过一次性订几百份全年报纸的方式与其交换等等。可是付出了却没有回报，一个月过去了，这个任务连一半都没有完成。

虽然这几个员工很努力、很勤奋、很认真，可这种不可能完成的任务，就是不可能完成的任务，明智者从初听到这项任务就知道不可能完成。

可老板却"只看结果，不看过程"，看员工最后没完成任务，就断定这几个员工不合格、不称职，理由是白白浪费了这么多时间，增加了这么多开支，却没有取得多大成效。

一味强调"不看过程，只看结果"的老板，大部分是自己明知道下达了不合理、不可能的任务，却仍然希望员工像动画片中的奥特曼一样，用传说中超人一般的能力去完成。这又和古代的掩耳盗铃有何区别？

有一个成语"自欺欺人"就是说这样的人的。明知道这是一个"不可能完成的任务"，却还希望员工能完成！如果完不成，那么对不起，我不管你做

的过程中遇到了什么困难，我只管治你没完成的罪，扣钱！

事实上，过程是结果的原因，结果是过程的延续。没有过程何来结果呢？而什么样的过程，就会产生什么样的结果！

所以老板们应该引以为戒：如果不想像唐僧那样被孙悟空和猪八戒糊弄，那么，在给员工下达工作任务时，先设身处地地为员工想一想，自己的要求是否合理、这个任务是否可能完成。

不可能完成的任务，不是好任务；提倡让员工完成不可能完成的任务的老板，不是好老板。

如果真有员工完成了你下达的"不可能完成的任务"，那么，只能有两种可能：

第一种，你的任务并不是不可能完成的，而你却把它当成不可能完成的任务去下达，说明你愚蠢；

第二种，你被接受任务并"完成"任务的员工糊弄了，同样也说明你不够聪明！

因此，作为老板，下达任务前，与员工换位思考一下，把自己当成员工中的一员来考虑问题，对你的事业会不无裨益——替员工着想一点，相信结果绝对会比不为他们着想更好，更不会使员工的工作效果打折扣。

不信，您试试看！

量才而用，各得其所

唐僧带着孙悟空第二次打来的"加碘纯生啤酒"，吆喝大家重新上路。

沙僧边走边和悟空嘀咕："大师兄，你这样糊弄师父，不怕犯戒啊？"

"怕什么？你以为那老贼秃像俺老孙一样有火眼金睛啊？告诉你，他根本是个大草包，啥都分辨不出来：人妖不分，忠奸不辨，好坏不明……"

"说得也是，你看他那熊样，没咱几个保护，能成啥事？整天就知道念他那个阿弥陀佛忽悠人，俺早就看不惯了！"

"我也是啊，要不是看在紧箍咒的面子上，俺早就一棍子打死他了！"

"哎，如来佛这辈子最大的失误，就是让咱们跟错了老板！"沙僧说，"你看他会干啥？降妖除魔不行，这也不算啥了，现在连尿和酒都分不清了。唉！我算看透了，跟着他干，没前途！"

"英雄所见略同啊！"忽然有人插话。吓了一跳的沙僧回头一看，原来是猪八戒。

"二师兄，你有病啊？人吓人，吓死人，知道不？"

"你算是人吗？我看顶多算个河妖！"八戒摇头晃脑地说，"你们两个鬼鬼祟祟地在背后议论师父，小心我告诉师父，罚你们款！"

"你敢告诉师父，我就对他说，上次他衣服里的胡椒面是你撒的！"

"我还没对师父说，那天是你把大头针别在他裤子上，害他的屁股肿了好几天呢！"

"那也比你趁师父上厕所时往茅坑里扔石头，溅师父一屁股屎强……"

猪八戒急了："你要是敢，我就告诉师父昨天你骂他是'白面老秃驴'，

他最讨厌人骂他是老秃驴了！"

"喂，我啥时这样骂过师父？"

"就是你，你骂过，你说师父是吃蚂蚁屎长大的白面老秃驴！"猪八戒的声音越来越大。

"八戒，你骂谁呢？"后面传来唐僧的声音。

"师……师父，我没骂你，是沙僧骂你！"猪八戒慌了，赶紧洗刷自身，"与我无关啊师父！"

"开个纪律整顿会！"唐僧正色道。

夕阳下，一师三徒面对面站着。

唐僧："我白是白了点，可不是老秃驴啊！你看，这头发茬儿长出来了——唉，只顾赶路，好久没享受过剃头刀子的服务了！"

"是啊师父，你的头发长出来了，再不剃剃的话，成了清朝大辫子，就可以去演《还猪哥哥》了！"

"演《还猪哥哥》里的皇帝，那是我求之不得的事情啊！"唐僧搔了搔头皮，"可是，现在要解决的问题是：头——皮——屑！"

"师父，用俺的九齿钉耙吧，又尖又利，一耙下去，九道血痕就起来了，解起痒来很销魂的！"

"拿我脑袋当地球修理啊！"唐僧骂道。

"师父，用流沙洗头液。治头屑，就这么简单！"沙僧放下行李，取出一个小瓶叫道。

"收起来吧。流沙河里产的东西大多是水货，而且还沉淀着半瓶沙子，我可不放心！"

"师父，治头屑还是用俺高老庄特产的玉兰牌，一次见效，绝不复发！"

"你这套把戏哄哄一般消费者还可以，哄我就太小儿科了！悟空啊，还是你来……"唐僧把头低下，叫道。

"干吗，师父？"悟空边说边往后退了一步。

"痒死了，你来给我捉捉虱子！"

"喂，太过分了吧。俺可是齐天大圣，当年斗天兵天将、四海龙王，现在你让俺给你捉头虱？"

"怎么了，还委屈你啦？我这头啊，比老虎屁股还金贵，一般人想摸还摸不到呢！再说了，你是猴子，猴子不是没事最喜欢捉虱子吃吗？"

"你还是让八戒摸吧。二师弟，去摸师父的金头！"

"俺倒是很想为师父效劳，可俺是粗人，指头粗、关节硬，捉不得虱子哩！"八戒说道，"要不沙师弟来吧！"

"我昨晚看韩剧看到夜里12点，都熬成青光眼了，啥都看不到了！"

"昨晚断电，电视都没法开，你看什么韩剧啦？"

"我点着蜡烛看的，你管得着吗？"

看徒弟们你推我，我推你，唐僧火了："你们几个到底有没有一个孝顺的？再不捉我就念咒了啊！"

"师父，你干吗每次都念紧箍咒，不念'猪头咒'、'沙沙咒'或'马尾巴咒'啊！"

"为师想了又想，还是觉得你最好——猴子是捉虱子的专家，你又有火眼金睛，一个虱子也逃不过！所以，就只好找你了，嘿嘿！"

"那你为啥不把白龙马叫来？"

"干吗，让他用蹄子踢为师的头啊？你个挨千刀的猴头儿，为师虽然练了铁头功，刀枪不入，可也不想被马蹄子踢啊！"

"不是，是让他来帮忙。我捉到虱子，放到他身上，既不杀生，又为师父您除了虱害，多好啊！"

"这个主意不错，嗯，白龙马，过来！"

夕阳下，风吹草低蚂蚁爬。

一人一猴一马，一头一蹄一爪，构成了一幅美丽的捉虱画。

【点评】.................

把正确的人放在正确的地方

民间有句谚语叫"高射炮打蚊子——大材小用！"

其实，何止高射炮打蚊子是大材小用，孙悟空捉虱子同样是大材小

用，只是做老板的没有意识到而已。

有些老板在用人的时候容易犯主观主义错误，即不经实际调查，不是根据人的实际特长安排工作，而是仅凭个人感觉给人安排岗位。结果埋没了一块金子不说，更重要的是抬举了一只乌鸦，这样对老板自己也没有什么好处。

笔者曾经历过这样一个老板，当时他是亿万富翁，家财万贯，可他仍然不满意，为了赚取更多的钱，决定进军一个新的行业。

众所周知，进军新行业有许多种不同的方式，其中最简便的就是直接收购该行业中经营不佳、即将倒闭的企业。

这样可以节省下找场地、买设备、招兵买马等一系列的工序和时间，也可以保证在最短的时间内将项目上马。

而这个老板的做法更简单，他甚至连收购都免了，直接派几个自己信得过的人，去联系一个由自己指定了产品的企业，打算交一定的费用包销他们企业生产的产品。

该企业生产出来的所有产品必须全部交给这个老板的公司销售，由这个老板去开拓全国市场。

按说，这种想法也不是不可行，可问题的关键是，这个老板信得过的人都是不学无术之徒，他们想当然地找到了和产品名称相同的一个厂家！他们以为产品名是什么，厂名就应该是什么，把钱给了这个经营不怎么样的厂家。

而那个厂家发愁资金短缺呢，突然这样莫名其妙地有人找上门来送钱，他们当然是笑纳了。事后这个老板要货时才知道：产品名称虽然和这个厂家的厂名一样，但这个厂家却没有注册这个商标，拥有商标注册权的是另一家厂名和产品名称八杆子打不着的企业……

为此，老板不得不又交了一次学费。

如果说，用了不正确的人，把庸才当成人才，最后把事情搞砸，这反倒是好事，因为吃一堑长一智，不算什么大错误。可是，却偏偏有一些老板像故事中的唐僧这样，放着正事不干，总让人才干一些无关紧要的小事，把人才当成庸才，不给其施展才干的机会。

这样，耽误了人才不说，也耽误老板自己的正经事儿。

因此，如果老板把庸才当人才用，会为公司造成损失；但反过来，如

果老板把人才当庸才用，会产生什么后果呢？会因为降低了人才的报酬标准，而为公司带来收益吗？答案无疑是否定的。

这是因为，当老板把人才当成庸才，不给予其合理的待遇、发展的空间，那么人才是会离开公司、另觅发展的。

而一般情况下，人才去的新单位，往往会是竞争对手的公司。这样的结果经常就是自己失去人才的同时为对手输送人才。

这一正一反之间，老板的损失会更大。

数年前，笔者在一家地产策划公司工作时，这家公司招来了一个有硕士学位和九年地产从业经验的人才。这个人才并不恃才自傲，他同意公司老板试用三个月的决定（事实上这家公司每次只和员工签一年的劳动合同，按中华人民共和国劳动合同法规定，这种情况只能试用一个月）。

在试用期内，他表现出了自己的非凡才干：无论是工作能力、为人处世还是在员工中的威望，都完全超越了该公司原来的几位半路出家、从其他行业临时抱佛脚学了几天地产知识的高管。

试用期满后，老板非常希望留下他。但是，却以现在公司不缺乏高管、又不能把原来的高管开除为由，只肯给其一个副经理的职位，工资也只是比试用期象征性地增加一点点。

而其工作的内容、性质，和普通员工是完全一样的，所谓的"副经理"，只是个虚名而已。老板说希望他能理解，等公司有了空缺再提拔他。然而，这样有德又有才的人已经付出了三个月的劳动，怎么可能愿意再花更多时间作无法预知结局的等待呢？人家又不是没有能力、找不到工作。因此，他很快便寄出了新的求职信，并且顺利地被一家同行业的大公司聘用，成为那家公司的副总裁，待遇比在这家公司翻了几番。

当他向老板辞职的时候，老板才慌了手脚，表示要立即破格提拔他，希望他不要走，然而为时已晚。别说他不可能为人家提供翻几番的待遇，就算能，人家也不会愿意把时间浪费在这样的老板身上。

这个人才走后，老板还希望和他保持良好的关系，又是打电话请他吃饭，又是逢年过节发短信给人家，目的只有一个，那就是拉关系！

但这些表面功夫并不能得到人家的谅解，谁也不会为了一顿饭就轻易放弃自己的前途回到这样的老板麾下，更不可能因为他要请自己吃饭，就

在生意竞争的时候对他的公司手下留情。

最终，这个老板品尝到了不尊重人才的滋味：在和这家对手公司的业务竞争中他频频败北，对手公司的业务一再扩张，这个老板公司的业务则一再萎缩。

而对手公司的总指挥，恰恰是从这个老板公司出去的那个人才。

因此，作为一个老板，如何合理地用人最重要：用高射炮打蚊子是种浪费，用玩具枪打飞机，则是一种愚蠢！

一个老板，如果把庸才当人才用，他们不会给你带来成功，反而会令你的事业多走弯路；而把人才当成庸才用，则会导致人才离开，让老板只能去用庸才，继续去走弯路。

在人才离开、成为自己的对手之后，自己手下的庸才，哪里可能是那些人才的对手？因此，这样的老板难免会陷进沼泽，找不到成功的大道！

正确考核员工的标准

树上的鸟儿成双对，绿水青山带笑颜，顺手摘下这花一朵，我给师父戴胸前……

师徒四人行进在好大一片花海里，猪八戒边走边唱，边唱边摘花。

"呆子，少来啦，为师又不是劳动模范，戴什么大红花？"唐僧嗔怪道。

"师父此言差矣！"孙悟空说，"现在这年头儿，哪还有劳动模范戴红花的？从来都是领导披红挂绿，出席各种仪式！"

"此话怎讲？"

"师父您想，上次天界召开除妖大会，是谁去作的报告？"

"那还用问？是师父呗！"沙僧接口道，"师父去开会，回来时大红花还戴在胸前呢！"

"为什么是师父去？我们这一路行来，除掉的妖怪大大小小没有一千也有八百，哪一个是师父干掉的？"孙悟空搔了搔腮帮子问道。

"悟空，你是不满意为师去作报告了？"唐僧不悦道。

"哪里哪里，徒儿只是随便说说，随便说说，师父你别往心里去！"

"混账东西，我能不往心里去吗？作报告时，众位神仙一直起哄要我讲讲除妖经过，可怜为师，每次遇到妖怪不是被妖怪捉去，就是被你们保护起来，没有一次亲身参与过，如何讲得出来？"

"就是了，你自己都承认未参与除妖，可还是去戴了大红花！"

"那是因为师父他老人家是咱们的头儿啊！虽然没有亲身参与，但我们

哪次不是在师父领导下除妖的？既然是师父领导的，功劳当然都是师父的。"猪八戒边往唐僧胸前插花，边扭头对孙悟空说，"猴哥，你还别不服！"

"喂，我有什么不服的？我就是不去作报告，大家也都知道那妖怪是我除的！"

"悟空，这么说，你是认为师父我欺世盗名了？"

"哪里哪里，我只是觉得，师父在作报告时应该客观公正一些。至少在接受记者采访时，稍稍提提俺老孙的名字！"

"悟空啊，非是为师不愿提你的名字，而实在是因为你的出身不好，为师没法提啊！"

"师父说笑了，哪个不知道俺老孙是从石头缝里蹦出来的，祖宗三代没剥削过人，根正苗红……"

"非也非也。"唐僧说，"正是因为你是石头缝里蹦出来的，为师才不好提你！"

"为何？"

"名不正则言不顺，你是从石头缝里蹦出来的，说起来是个石猴，无父无母，也算是妖的一种，为师如果提起你来，岂不是……"

"师父啊，原来在你眼中，俺老孙不过是个妖怪，俺真是白跟了你了！"悟空不禁恼了。

"悟空，你还真怪不得为师，谁让你是从石头缝里蹦出来，而不是从娘胎里生出来的呢？八戒虽然是从猪胎里生出来的，但也是猪妈妈生的，他前生是元帅，说出去还好听些；悟净前生是卷帘大将，虽然好汉不提当年勇，但说起来至少大家都知道他们系出名门，不像你，说出来寒碜得慌啊！"

"师父，原来你心里一直瞧不起我，那你应该提提他们两个吧？至少他们还跟着我除过妖！"

"是啊，他们只是跟着你除妖，主角还是你，如果提他们，你会更加觉得不平衡！所以，为师思来想去，只好自己勉为其难了！"

"你……"孙悟空气得说不出话来。

"悟空，你还真怪不得为师，谁让你出身这么低下的？"

"师父，俺老孙虽然出身低微，可这并不妨碍俺在工作中斩妖除魔、发挥作用，你不能因此就看不起俺啊！"

"猴哥，这你就不知道了。师父他老人家是金蝉子转世，如来佛的弟子，天界没人敢看不起的；俺老猪和悟净更是天界谁人不识君，就连师父骑的白龙马，也是龙太子，你能和谁比啊！师父肯收你当徒弟，已是很了不起了……"八戒在旁边插上了嘴。

"金蝉子转世就了不起了吗？俺老孙还就不信这个邪。有本事捉个妖怪给俺瞧瞧！"

"悟空啊，说这话就是你的不对了。你能在为师麾下斩妖除魔，是凭借了为师搭建的平台，要是你不能发挥这作用，为师要你干吗？八戒、沙僧，还有白龙马，起码可以给为师装点一下门面，你除了踏踏实实干活、斩妖除魔，实在是别无他途可走！"

"怪不得每次遇到妖怪都是可着俺老孙上呢！"孙悟空更加不忿，"师父，这太不公平了，俺干了那么多活，在你的心目中不如有个好出身，那好说，俺不干了，俺老孙去也！"

说完，孙悟空一个筋斗云翻回了花果山……

【点评】...............

不问英雄出处

时下一些企业招聘时由于攀比心理作怪，动辄要求大专、本科以上学历，甚至研究生也屡见不鲜，似乎企业里高学历者越多，越显得企业有水平、有素质、有发展。

事实上，有些单位招聘的岗位往往是高中生甚至初中生都可以胜任的，如果这样来招聘，不但堵住了那些没机会接受高等教育者的求职门路，也造成了人才的浪费。

反过来，低学历者即使工作很认真、业绩很出众，也很难得到老板的认可与赞同；老板在给予其待遇的时候，往往也是吝啬又吝啬，生怕给多

了一点。

这和唐僧以出身论英雄的做法何其相似！

事实上，许多老板本身的学历并不高，尤其是一些20世纪80年代左右下海经商、赶上大好时机挖到第一桶金当上老板的，他们中甚至有许多小学都没读完。

但是，学历低并没有影响他们发挥自己的才智、取得事业的成功。甚至有的还以自己学历低为荣，在接受采访时刻意强调自己学历低，是"土包子"出身。

然而，事业成功后，他们对待手下的员工时却不是这种看法了。你不是大学本科，对不起，达不到我们的要求；你虽然是本科，但不是重点院校，我们不招……

凡此种种，不一而足。

而公司内部一些学历不高的员工，也时时感受到学历的威胁和"迫害"。

有个优秀员工做出了成绩，老板不承认，还以"外面求职的大学生很多，不愿意干可以走人"来威胁，言下之意就是在告诉这位员工："你没有学历，出去也不好找工作，你要是不乖乖地听话，就去碰碰钉子吧！"

这种情况下，就算这位员工仍然委身在这位老板麾下，试问，他还会继续发挥自己的聪明才智和主观能动性为老板工作吗？

恐怕任何人都会明白答案是否定的！

事实上，这个老板自己高中都没毕业，他这种以学历作为衡量人才标尺的做法并不值得推崇——要知道，由于种种原因，导致并不是所有人都能接受高等教育，这种现象不仅在我国存在，在世界上任何一个国家都存在。

多次蝉联世界首富的比尔·盖茨的学历是大学肄业，华人首富李嘉诚更是只有小学学历。然而，这并不妨碍他们发挥聪明才智，建立起庞大的企业帝国。

在《西游记》里，孙悟空出身最低微，他无父无母，是个从石头缝里蹦出来的石猴；而猪八戒是天蓬元帅转世、沙僧是卷帘大将出身、白龙马最不济也是个"龙种"。他们都是出身名门，也一度辉煌，和孙悟空无父无母的出身比高贵了不知多少倍，然而他们的能力和孙悟空却差了不知多少倍。

同样的，有些员工虽然没有过人的学历，甚至没有读过大学，但是却有着过人的工作能力，为公司作出了巨大的贡献和不凡的业绩。

老板如果仅仅因为其没有学历，就认为随便找个人都能够代替他们，因此可以随意克扣其应得的报酬，那么，只能说这样的老板有眼无珠、愚蠢至极！

这样的老板失去优秀人才，甚至最终破产倒闭也只能说是其应得之下场。

一味以学历取人，对于那些没有机会接受高等教育的求职者是不公平的，很容易打击他们的自信心和积极性，同时也会使高学历者滋生骄傲自满的情绪。

其实，这种以学历取人的做法也是促使假学历横行的重要原因。

如果说，类似上述那位老板尚且通过编造不实的经历或制作虚假学历来获取更大利益，那么普通打工族面对以学历为衡量人才唯一的标准的老板，除了造假来欺骗老板，还能有什么其他的办法吗？

通过读书拿个货真价实的文凭当然是最好的办法，但这没有几年时间、没有相应的精力和金钱的付出是办不到的。而如果把时间、精力花在这方面，自然就要分散在其他方面的时间和精力，工作经验等方面自然就会欠缺。

人的时间和精力其实是有限的，如果把重点放在这一方面，势必将会对另一方面产生不利的影响。就像只读到高一就退学，并且拒绝了多家著名大学破格录取的著名80后青春偶像作家韩寒说的那样："我特别热爱学习，我之所以退学并拒绝许多大学的邀请，只是因为我不热爱在学校里学习！"

是的，在学校里待几年，在社会上就会少待几年。不是都说社会是"最好的大学"吗？难道仅仅因为在这所"最好的大学"里学习，没有人发文凭，就不算是学习了吗？

当年，韩寒的这番言论曾引起了社会的广泛争论，甚至有专家公开断言他只能走三五年，要想走得更远，一定要进大学学习！

然而事实是，韩寒不仅走到十年后的今天还没有褪色，反而越来越"出色"了。全国高校每年向社会输送的大学中文系毕业生，包括教授，没有哪

一个比韩寒在写作方面拥有更多的读者，且他的博客也成了点击超过三亿次的"世界第一博"，他每本书的销量更是都超过二百万册……

虽然和韩寒几乎齐名的80后作家郭敬明还是通过高考进入了上海大学学习，但是郭敬明却在《鲁豫有约》节目中告诉大家：虽然自己在大学四年，离开学校也已经有三四年了，但是至今还没有拿到文凭！

郭敬明表示，不是自己不想拿文凭，而是拿不到。因为他实在没有时间去学习、补考了，所以有可能放弃文凭。毕竟，已经当了老板的自己，也不需要靠一个文凭去找工作了……

由此可见，要想拿到文凭，不付出时间是不可能的，而如果为文凭付出时间，那么工作方面的时间必然就会减少，经验自然就不会丰富。

直接放弃了学历的韩寒、虽然不想放弃但却不得不放弃学历的郭敬明等人，反而比许多有学历者取得了更大的成就。其实比尔·盖茨、李嘉诚等人也莫不如是。

他们的例子说明：学历不是衡量人才的唯一标准！

在现实生活中，老板自己有没有文凭似乎并不重要，甚至老板的学历越低老板越骄傲。如果一个字都不认识却成了老板，那不仅不会被人看不起，反而还可以成为炫耀的资本，甚至成为不少人的偶像。

然而对于员工，如果没有文凭，哪怕你有再高的能力都于事无补。绝大多数老板都是以学历而不是以能力取人，这实在有点令人啼笑皆非。

郭敬明因为自己当了老板，便不用再靠文凭找工作了，此时他觉得拿不拿学历不再重要，这也充分说明了这一点：文凭的最大作用只是帮人找工作而已！

这话看似可笑，然而对于绝大多数打工者来说，却是非常沉重的话题：在重文凭的社会现实面前，没有文凭是寸步难行的，它导致的最直接结果是找不到工作！

因此有人说："说你行，你就行，不行也行；说你不行，就不行，行也不行！"

对于以孙悟空为代表的"实力派"员工，即使真的工作"很行"，但是遇到爱以出身论英雄、唯学历论人才的老板，照样还是无法吃得开、无法得到应得的尊重和待遇。

明白了这个道理，也就不难理解为什么时下假文凭如此风行、屡禁不止了。就像故事中的孙悟空，如果他也弄个好的出身证明，证明自己不是从石头缝里蹦出来的，而是某位大仙的孩子；如果传授他技艺的菩提祖师没有要求他不得吐露师门，他可以把拜师学艺的师承来历报出来，再加上后来大闹天宫、当上"齐天大圣"的光辉经历，那么，相信唐僧也不敢小瞧他了。

关键是这些他都不具备，所以，他就成了个出身低微的草根英雄，即使能力远远强过两个师弟，但是在重出身、轻能力的唐僧眼里，他也是不值得被高看一眼的。

毕竟，文凭可以造假，但才能却绝对造不了假。因此，老板与其把眼光盯在文凭上，花费时间、精力、人力、财力去辨别真假文凭，不如直观地通过辨别员工的才能，以才能定人才。

这样，不仅对于员工公平，有利于提高员工的工作积极性，发挥员工的能力，对于老板的事业也大有裨益。因为老板的事业发展，不是靠一张张毕业证书来堆砌的，而是由一个个员工的才华、能力来造就的！

什么才是真正的忠诚

　　"这猴头，这就把我炒了！"唐僧望着孙悟空离去的方向，恨恨地骂了一句。

　　"师父啊，不是我说你，你真不该赶走大师兄！"沙僧说。

　　"收声！是我炒了他吗？他自己要离开，我有什么法子？"

　　"你应该留他啊！"

　　"留他？这猴头脾气这么大，留他干吗？离了他，地球照转，我唐僧经照取。八戒、沙僧，赶路！"

　　虽然还没有长出头发，但是唐僧还是洒脱地甩了甩头，打了个响指。

　　于是，师徒三人继续向前赶去。

　　"八戒啊，你知道为师最不喜欢你们三个中的哪一个吗？"为了打破沉闷的气氛，唐僧问八戒。

　　"不知道。"

　　"告诉你吧，为师最不喜欢的就是悟空！"

　　"师父，难道你真的以为，没有大师兄的帮助，你能顺利到达西天、取到真经吗？"沙僧问。

　　"此话怎讲？"

　　"师父你看，这离西天还差着十万八千里，一路上大妖小妖无数，都等着绊你马腿呢！没了大师兄，谁为你斩妖除魔啊？你凭什么不喜欢大师兄啊？"

　　"因为他最不忠诚！"

"大师兄不忠诚？师父，你搞错了吧，动不动就说分行李散伙的，是二师兄啊！"

"喂，我啥时说过了？"猪八戒火了，指着沙僧道，"你不要血口喷人。"

"八戒，别争了。为师都知道。"唐僧转头对沙僧说，"虽然你二师兄没啥本事，又动不动要散伙，可为师还是最喜欢他！"

"为啥？"沙僧乜了他一眼，心说，"就是不喜欢老子我！"然后问道："这可让我丈二和尚摸不着头脑了！"

唐僧道："你二师兄虽然口头儿上总说散伙，但他却没一次真正离开过，不像猴头，不声不响的，动不动就翻筋斗云，一下就跑出十万八千里！"

"那是因为大师兄有本事啊，师父——要是二师兄会翻筋斗云，早翻了不知几百次了！"

"为师不管这些！你二师兄是没少说要散伙的话，但没一次让为师难堪过。你大师兄呢，哪次翻筋斗云不让为师大丢面子！那次他到东海龙宫去喝茶，惊动了观音菩萨劝他回来，给他戴上金箍才收服了他；打白骨精那次吧，他回花果山，害得为师被白骨精捉去；后来斗假猴王，也是因为他离开，弄得为师差点被假猴王打死，最后闹到如来佛祖面前才把事情搞定，为师的脸从南海丢到了西天啊……"

"师父，这怪得着大师兄吗？他哪一次离开不是你赶的啊？凭这，你就能说他不忠诚吗？"

"当然是不忠诚啦！他动不动就把为师抛在荒山野岭，害得为师在你们两个面前都没有面子，为师恨死他了！"

"是啊是啊，哪像俺老猪，时刻守在师父身边！"猪八戒赶紧顺着杆子往上爬，"师父啊，沙僧这家伙貌似忠厚、内心奸诈，老为大师兄说话，一看就知道是大师兄的同谋，没准他现在正在心里骂你呢，你还不赶紧想办法整治一下他？"

"二师兄……"

"八戒，为师知道他心中有诸多不满，但是，没有悟空，量他也成不了事，所以为师就不追究他了，让他继续跟着为师干吧。"

"师父英明，师父你真是英明啊！"八戒对着唐僧跷起了大拇指，"师

父，你知道我最佩服你什么吗？"

"愿闻其详！"唐僧扬扬得意地说。

"我最佩服的，就是你的忠奸不分、赏罚不明呀！"

"那你知道为师最喜欢你什么吗？"

"徒儿洗耳恭听！"

"为师最喜欢的，就是你对为师的俯首帖耳、言听计从呀！"

"是呀是呀，师父，你是天下第一号傻帽儿老板，我是天下第一号拍马屁员工！"

"喂！你们有完没完？"沙僧忍不住了，"你们两个都不是好鸟儿，要是有杆猎枪，我一枪一个崩了你们！"

"咋了沙师弟，你不服是不是？告诉你，大师兄走了，你不服，也奈何不了俺老猪了。"

"这样的混账师父，这样的无耻师兄，跟着他们走，能有什么前途？"沙僧陷入了深深的沉思。

当天晚上，在昏暗的煤油灯下，沙僧在一张纸上歪歪斜斜地写下了三个字：辞职书。他边写边想："不知俺这样，算不算是对师父不忠诚？"

【点评】

善待员工的贡献，让其付出获得回报

在现实中，不少老板都把评价员工的第一条标准确定为对公司和自己的忠诚。他们认为那些乖乖听自己的话，对公司不离不弃的人，是天下第一号大忠臣；而那些不听话、尤其是和自己在观点上有分歧的员工其实就对公司不忠诚。

如果该员工恰巧因为无法改变老板立场、又不愿意放弃自己的观点而离开，那么，在老板的心中，则更是成了大大的奸臣。

殊不知，这种人只是个性外露，而远非不忠诚。

事实上，这种人的观点，往往是正确的；不正确的，恰恰是那些自以为是的老板。如果是老板正确，相信没有员工会冒着被老板责骂的危险无理取闹，甚至像孙悟空一样愤而辞职。

长久以来，大家习惯了把孙悟空比喻为一个好员工，但最具有讽刺意味的是，虽然是个好员工，孙悟空在唐僧面前却从没有得到过好的待遇："战争年代"遇到妖怪浴血奋战的是他；"和平时代"化斋取饭的是他；坚持原则触犯唐僧权威受紧箍咒之苦的是他；愤而辞职被菩萨及众神责骂的也是他……

试问，在唐僧的麾下，孙悟空何曾得到过哪怕一丁点儿的好处？如果我们设身处地地为孙悟空想一想，也就不难理解他为何要离唐僧而去了。这只是他个性的表现和对自己成绩得不到认可的反抗而已，而根本不是像唐僧所说的那样对自己不忠诚。

故事中的唐僧就像笔者认识的一位老板，这位老板也和唐僧一样喜欢强调员工对老板要忠诚。

然而，如果按他的观点，细数他公司的所有人员，最忠诚的应该是清洁工阿姨，这位阿姨从公司成立之初就在公司做清洁工作，一直没有离开过；而其他所有的职位，除了老板本人，都换了不知多少人。

因此，老板在号召大家应该忠诚的时候，经常以这个清洁工阿姨为例，说她是看着公司成立、成长的，是公司的元老、功臣。

按理说，这个清洁工阿姨应该被评为公司"最忠诚员工"，好好得一笔奖金才对，因为她最忠诚嘛！老板不是喜欢忠诚的员工吗？

可是，老板从来没有这样做过，甚至连工资都很少为她加。这是为什么呢？为什么最忠诚的员工，却没有得到好的回报呢？

原来，虽然一直宣称这位清洁工阿姨最忠诚，但是在老板眼里，她却是最可有可无的人，随便找个人都可以代替。之所以直到今天也没有找别人代替，只是因为她本人比较老实，从不反驳老板的意见，也不闹着要加工资。

而这个清洁工阿姨为什么这么"忠诚"呢？

原来，在同一座城市做清洁工，到哪个公司，其工作内容、待遇报酬相差都不会太多，而她在一个公司做得越久、人头越熟，工作也就越容易驾驭。

如果到一个陌生的、工资又差不多的公司，一切都得重新适应，完全没有必要。再加上这家公司所在的位置离她家不远，上下班方便，所以，她当然愿意一直在这里待着。

不过，后来因为老板为其加了一百元的工资，使她终于不再"忠诚"、义无反顾地离开了公司。原来，老板给她加了一百元工资，要求她每星期去自己家打扫一次卫生。

这个老板经常到外地出差，在家的时间并不多，所以，他认为让她每周去打扫一次卫生，每月打扫四次，工作量并不大，加一百元已经不少了。

他却没有想到，从公司到他的家要转几次车，清洁工阿姨去一趟，来回就要七八元的公交车费，而且还要搭上两三个小时的时间。

就这样，实际到手的收入，扣除车费一个月才不过几十元钱。

更重要的是，明明是老板为了给她增加工作量，让她既为公司工作，又兼顾老板家的工作，才不得不象征性地增加一点点工资，却反而还以给她加工资的名义，要求她接受增加的"轻松工作"！

所以，她才在老板为自己"加了工资"后，"极不忠诚"地离开了。

这真是莫大的讽刺。

不过，就算她不离开，仍然"忠诚"地在公司工作着。试问，这样的"忠诚"，对公司的发展有多大的作用呢？难道公司的发展是靠清洁工阿姨清洁出来的吗？

答案无疑是否定的——它靠的是各个岗位的员工共同努力得来的，尤其是靠一些优秀的、为公司作出巨大贡献的孙悟空型人才！

然而，为什么这种类型的人才，作出了巨大贡献却又离开，这么"不忠诚"呢？

我想，答案就要由老板来提供了。如果身为老板者能善待这些为公司作出巨大贡献的员工，并给予其合理的报酬和发展空间，不克扣其应得的奖励和提成，让其做出成绩也能有所收获，他们会离开吗？

中国"最著名的失败者"——白手起家创下亿万资产，后却背负2.5亿元巨债，最终又奇迹般崛起的史玉柱，在谈到自己的成与败时表示：早期他实行的是军事化管理，强调大家要忠诚，但是后来他渐渐明白"军人有对国家尽忠的义务，然而，员工没有对老板效忠的义务。因为，大多数员工的使命只是打工挣钱、养家糊口"。

可以说，这是一条史玉柱从惨痛的失败教训中总结出来的真知灼见：员工为老板工作，最重要的一个目的是得到报酬，来使自己和家人的生活过得更好一点，而不是为了向老板尽忠。

换言之，如果一个老板不能为员工提供打工挣钱、养家糊口甚至是发家致富的机会，员工凭什么对老板忠诚、为老板卖命？

毕竟，员工与老板和军人与国家的关系是两种性质：军人为了国家利益，必要时可以牺牲自己甚至家人的性命；而对老板而言，绝大多数员工的使命只是通过工作换取报酬，让自己和家人生活得更好而已。

作为员工，应该对公司忠诚、对工作忠诚、对老板忠诚，这话不错，但也应该看老板是什么样的老板，他们是如何对待员工的。

如果是像史玉柱那种既有过人魅力，又不过分爱钱，即使因为失败导致手中没钱而欠了员工，但一旦有钱就马上还给员工的老板，想让员工不忠诚都难。

反之，如果老板昏庸糊涂，或者为了克扣员工的绩效工资硬是否定员工做出的成绩，对这样的老板，想让员工忠诚比登天还难。因为谁对他们忠诚，就是对自己和自己的未来不负责。

忠诚不应该是愚忠，像岳飞那样冤死风波亭，死前还留下遗言不许手下大将造反的对封建帝王的愚忠，放在现代只会既害自己又害企业。因为如果公司上下都是这样的愚忠之士，那么公司也必定无法获得发展，甚至会被对手所吞并。

究其原因，就像宋朝一样，虽然有杨家将、岳飞这样流传千古的忠臣名将，但照样没能挽回其覆灭的命运。北宋为辽扰乱多年后终被金所灭；南宋向金俯首称臣后又为元所灭。答案就不言自明了：愚忠虽然名义上好听，但却起不到实际的好作用。

孙悟空虽然多次离开唐僧，在唐僧眼里并不忠诚，但事实上，只有他才是唐僧不折不扣的救星！

这种现象，确实值得所有老板反思！

动机好不好还是要看结果

第二天，沙僧把辞职书递给唐僧。

唐僧看了一眼标题，生气地说："悟净啊，为师现在正是用人的时候，不批！"

"师父，你不批准我辞职可以，但是以后你再不许认为我不忠诚了，否则就算涨工资我也不给你干了！"

"不给我干，你能到哪儿干？找到新工作了吗？"

"没呢！"

"这就好办！"唐僧想了想说，"为师觉得你还是有培养前途的，我其实早就想培养你成为挑担专家，你不给为师干，以后到哪儿找这么好的机会啊！"

"哼！还有前途呢！比大师兄五百年前当的弼马温都不如。"沙僧觉得很郁闷。

"沙师弟，不好了，前面来了一个妖怪！"猪八戒在前面叫了起来。

"啊，妖怪，在哪里？"唐僧立即躲到了马肚子下面。

"喂，看你那点儿出息。"猪八戒手搭凉棚，往前看了看："师父，前面。看，她过来了！"边说边往沙僧身后躲。

"二师兄，站直了，与我一起看看，到底是何方妖怪！"沙僧边说边从地上揪起八戒，"比师父躲得都快，不像话！"

猪八戒连忙站直身子往前凑了凑："师父，出来吧，那不是妖怪，是个到田里给老公送饭的少妇！"

"八戒，你怎么知道她是到田里给老公送饭的？"

"她挎着篮子，老公又没在身边，不是去给老公送饭能是什么？嗯，篮子里面一定装的馒头咸菜什么的，虽然没有荤腥，但也可以凑合着吃了。师父，刚好老猪我肚子饿了，不如向女施主讨些吃的吧！"

"二师兄，据我从大师兄打白骨精的经验分析，这荒山野岭哪来的人家？我们还是小心些，不要上了妖怪的当！"

"不会吧，哪有这么笨的妖怪啊？如果真的是妖怪，不可能和猴哥打白骨精时碰到的白骨精一样打扮啊，你真以为我是猪啊！"

"嗯，有道理！"唐僧翻身上马，道："八戒，准备好，化斋！"

说着话，女施主走到了近前。

八戒迎上前去，叫道："前面过来的看好了！此山是我开，此树是我栽，要想打此过，留下买路菜！"

女施主："啊，怎么这么倒霉，一出门就遇上打劫的了！"她把篮子往身后一藏说："谁说这山是你开、这树是你栽？这山是土地公公在地壳里做健美操造成的，树都是我和老公每生一个孩子就栽一棵栽出来的！"

八戒问："你老公是环保大王吗？"

"错，是牛魔王！"

"哦，你是铁扇公主啊！"八戒说着往前凑了凑，"不像啊，冒充铁扇公主，你至少也带台电风扇出来啊！"

沙僧："二师兄，现在早就跨进了空调时代，谁还用铁扇啊。啊哈，没准这是牛魔王的二奶呢！"

"还是你聪明！"女施主很得意，"俺正是牛魔王的二奶空调公主！"

"啊，那牛魔王，他在哪里？"

"他带着三奶冰箱公主外出旅游去了！"

"那你干什么去？"

"我……"

"哦，我知道了，你是背着他去会小白脸吧？"

"算你聪明，猜对了！得，我把这篮子给你，里面的东西你们拿去吃吧，吃完赶紧走。不过我有个要求，千万别把今天见到我的事告诉牛魔王！"

八戒："这么顺！"伸手接过篮子，扭头喊道："师父，人家把篮子都给我们了，要不要？"

唐僧："要，留下篮子，出家人慈悲为怀，不要为难她，放她一马吧！"

"好！"八戒指着唐僧胯下的白龙马说，"师父说放你一马，等会儿你就把他的马骑走吧！"

说完，伸手到篮子里拿出一个馒头："白面蒸的，不错。师父，你也来一个！"

"好嘞！"唐僧乐颠颠地下马，"咦，肉夹馍，手艺不错啊！姑娘，你是哪个烹饪学院的高才生啊？"

"慢！"沙僧伸手拦住了他，"师父，我们还是先别吃，问问清楚再说吧！"接着转头问少妇："你情人是谁？没听说牛魔王戴绿帽子啊！"

"沙师弟，你啥时变得这么八卦了？"八戒边往嘴里塞馒头边笑沙僧，"你又不是狗仔队，她又不是女明星。"

"八戒说得对！"唐僧道，"悟净，出家人不能这么八卦，快过来吃肉夹馍吧，吃饱好赶路！"

"吃就吃，以为我不饿吗？挑了半天行李，我都饿得想把自己吃下去了！"沙僧放下禅杖，拿起一个馒馍头就大嚼起来。

吃饱喝足，大家收拾行李准备上路，突然发现白龙马不见了。

唐僧："徒儿们，马到哪儿去了？"

八戒："师父，马让女施主骑去了！"

沙僧："什么，你把马给她了？"

"是啊！师父说放她一马，所以我就把马放给她了。"

"你真是猪，把马给她，师父骑什么啊？"沙僧气得胡子都竖起来了，"师父，你看二师兄，吃里扒外，把你的马都送人了，该怎么处置！"

八戒道："师父，冤枉啊！我只是看她一个妇道人家，走山路不容易。更何况，人家把馒头都给我们吃了，我们也得礼尚往来嘛！"

"有道理！"唐僧转头对沙僧道，"悟净，不要责怪你二师兄啦，虽然他把为师的马送人了，但是他的出发点是好的，我们应该理解他、支持他才是！"

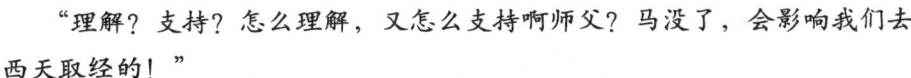

"理解？支持？怎么理解，又怎么支持啊师父？马没了，会影响我们去西天取经的！"

"我们出家人，应以慈悲为怀，哪能看着那样一个柔弱的女子独自走在山道上，而不把坐骑借给她用呢？八戒这样做，是帮为师做善事，虽然给为师造成了不便，可他的出发点是好的啊！"

"那你怎么去西天取经啊师父？"

"那是另一个问题，与八戒送马的动机不是一回事，我们应该另外探讨，而不能把它与八戒送马给人家混为一谈。不管怎么说，我们都得承认，他的动机是好的！"

"动机动机，有好动机没好结果顶个屁用啊！"

"悟净，这样说就不对了。打个比方来说，如果不看动机，我们可以把战斗英雄定性为杀人犯。正是因为他们的动机是好的，所以就不仅不是杀人犯，而且还是英雄了，明白吗？"

"那这样说，二师兄把你的马送人，不仅无错，反而有功了？那我还操心个啥？师父，马没了，你步行上路吧！"

说完，沙僧背起行李，恨恨地想：老贼秃，让马帮我驮一会儿行李也好啊，现在倒好，给了一个不相干的人，还美其名曰慈悲为怀。这个鸟师父，只知道让我们干活，根本不管我们死活，怪不得大师兄无法忍受他呢！哪天有机会，我也撂挑子不干了……

【点评】

领导者不但要看重动机，更要注重结果

没有动机，就没有行动。在这个意义上说，动机至上无疑是正确的。

但是在很多时候，好动机却没有换来好结果，或者根本只是一个道貌岸然的好动机而已。那么，这样的好动机不要也罢。

唐僧错就错在被猪八戒所谓的"忠诚"迷住了眼，一味地强调动机至

上，可是却忽略了猪八戒的动机是否站得住脚。如果真的担心女施主走在山道上不安全，那么完全可以送她走一程，而根本没必要把马送给她！

难道有了马，走在山道上就安全了吗？且不说遇到妖怪，即使遇到普通的劫匪，这匹马都有可能牵动其贪婪之心，从而给女施主带来更多的危险。

回过头看，大家普遍认为唐僧的取经事业与三个徒弟有关，而很少有人会去留意那匹默默无闻的白龙马在其中发挥的重要作用。没有它做唐僧的脚力，恐怕唐僧取到真经的时间，最少要推迟好几年。甚至，唐僧能不能徒步走到西天，也还是未知数。

如此重要的一个角色，怎么能仅仅因为一个看似站得住脚的动机而拱手送人呢？又怎么能在送人后，仅仅因为"动机好"，就无视结果不去追查责任、杜绝以后再发生类似的事情呢？

然而，在现实生活中，有很多类似唐僧这样的老板，他们往往凭着自己的喜好用人，喜欢用类似猪八戒这样没有实际本领、但却会投自己所好的人。当其做出错事之后，又用动机论来为其开脱。

这并不可怕，最可怕的其实是，作为老板，没有分辨的能力，不仅原谅其所做的蠢事，不督促其改正，面对其他员工的诘责，还主动为其辩护。

如此，想不坏事都难。

笔者认识一家公司的老板，因其观点偏左，又有很浓厚的小农思想，所以姑且称其为左小农吧。

任何一件事，左小农都是只拣对自己有利的方面来考虑，并要求别人也按其观点去考虑、去做。所以，大家都认为他观点不公正。至于小农思想，简单来说就是芝麻粒大的蝇头小利，在他眼里也比西瓜大，并且经常为了"芝麻"丢掉"大西瓜"。

限于篇幅，这里只讲与动机相关的事例，不专门举这个老板"小农思想"方面的例子。

有一个时期，左小农的公司比较重视宣传，他选择专人负责撰写宣传文章，并在报刊上发表。

这个撰稿人完全是自己联系到媒体，并发表了对公司的宣传文章，可是左小农为了不兑现承诺过的奖励就不承认其成绩，说这是撰稿人自己的行为，发表的媒体不是他认可的媒体。

他认为只有和他本人有联系、有可能完全按他意图发稿的媒体，才值得认可，却忽略了更多他本人没联系的媒体的宣传作用，更忽略了事实上不可能有媒体完全按他的意图发稿。

他提出的标准做法是：指定一个联系人与媒体联系，撰稿人写好文章，先交给老板，老板认可后再交给这个联系人，然后与媒体联系发送过去。

左小农认为这样有专人负责联系媒体，便于掌控媒体关系，不用担心撰稿人自己联系媒体过于"集权"。左小农认为这样安排，如果联系人辞职了，他还有撰稿人，只要换个联系人接着联系就行了；如果撰稿人不干了，他还有联系人，不至于使所有媒体关系随着撰稿人的离职全军覆没。更重要的是，由于撰稿人曾把左小农写的文章联系媒体发表，为他扬名的同时，媒体还给他寄了三百元稿费。

也许是这件事启发了左小农，使他认识到发表文章有稿费收。所以，左小农安排联系人向外发稿，媒体如果发稿费就一定会寄到公司，由公司领取。左小农认为撰稿人为公司写的稿，虽然对公司起到了宣传作用、节省了广告费，但是稿费却应该是公司的财富，当然要由公司领取。

这样，左小农既防止了"集权"，不用担心员工离职，又可能有收益，何乐而不为呢？按他这种想法，如果撰稿人发表的稿子赚到的稿费超过其工资，公司不仅赚了免费的宣传，还赚了稿费（这不是"小农思想"是什么）！

事实上，左小农安排撰稿人写的文章，都是专门宣传公司的。因为这纯粹是广告，所以发表并不容易。即使撰稿人结合行业最新局势巧妙构思成文，侥幸发表了，但因为其中包含有宣传公司的内容，媒体一般也不发稿费。就算偶尔有发的，也不过百十块钱，实在犯不着老板如此觑视。

左小农从不想想如何更好地留住员工的人的同时也留住员工的心，让员工为自己努力工作，而是时刻想着如何从员工身上榨取更多的价值。

在左小农的安排下，交给联系人的文章总是发表不出来。原因是首先稿件先在公司转几道手——经过左小农、联系人之后，时间往往耽误了许久，失去了时效性，此时写稿时的行业最新局势早已变成了旧闻，而媒体

又不愿意采用"炒冷饭"的文章。其次，经过左小农修改的文章，常常变成了对公司自卖自夸的"软广告"，根本与媒体的要求、撰稿人的初衷差了十万八千里，和行业发展更是八杆子打不着。试想这种文章有哪家媒体会愿意采用、为他做免费的广告，而且还给他发稿费呢？

有时也有一些合适的稿子，但联系人自己却不懂写作，不知道该如何和编辑沟通，甚至编辑说如何改稿他都听不懂。再加上联系人不是作者，有些媒体工作人员甚至质疑作者是否确有其人，为什么不直接发稿，却要通过一个外行人转手发邮件呢？

再加上这个联系人在写作方面是外行，在转告的时候，往往表达不清编辑的意图。所以，为了避免可能引发的版权纠纷等各方面的麻烦，许多媒体干脆拒绝采用。

综上所述，左小农的这种安排，导致根本做不出成绩。

联系人见到自己介入这项工作后，一点成绩都出不来，还不如撰稿人自己单线联系的时候好，他非常着急，因为想做出成绩，就把稿子到处乱投，一篇稿投遍所有的媒体。

这样虽然增加了成功的概率，但是又犯了媒体不许一稿多投的禁忌，从而导致媒体连对作者本人也有了意见，更加做不出成绩了。

这样一来，左小农更不认为是自己的安排有问题了，反而认为是员工不努力：怎么这么久一篇文章也发表不出来？他认为是写文章的不努力写，却从没认识到是自己画蛇添足多了一道程序所致。

左小农认为同样是发邮件，谁发不是发呢？既然撰稿人自己发邮件能发表，其他人发邮件就发表不了，这肯定是撰稿人不认真写稿的原因。

撰稿人感觉受了委屈，便把这些情况都反映给左小农，并希望他改变方法、解决问题，尤其不要一稿多投影响作者声誉，言语之间自然对联系人错误的做法表示了不满。

然而，左小农却以这个联系人的动机是好的为由，代联系人进行辩解。说虽然好心办了坏事，但动机是好的，都是为了工作、为了更好地发稿宣传公司，不应该对之产生意见云云。

事实上不管如何，真正的原因都是中间增加了一道程序，原本应该做出成绩的人反而出不了成绩。不仅如此，还把原来出成绩的员工好不容易建立起来的媒体资源弄了个一团糟，并严重打击了该员工的工作积极性……

之所以造成这种现象，一方面是因为左小农不懂装懂，明明是外行，偏要装专家去指挥内行；另一方面又用人不当，白白增加岗位，却不仅起不到正面作用，还只能起反面作用。

从这个意义上来说，除了去赚稿费这个上不了台面的动机外，左小农的其他动机确实是好的：增加一个人就多一份力量，而且不用担心因为其中哪个人的离职而导致工作停滞！

但是结果也很明显，左小农这种动机导致的结果是非常差的。因此，光有好的动机无疑是不行的，更重要的是动机是否能产生好的结果。

后来，在事实面前，左小农屈服了。虽然他改变了做法，同意让撰稿人自己联系媒体发表，但又画蛇添足地提出与撰稿人在签订的《劳动合同》的基础上增签一个"劳动合同附件"的要求。即规定撰稿人每月必须完成多少文字量的任务，超额完成有奖，完不成惩罚，同时还详细规定了奖惩办法。

撰稿人深深感到左小农是在故意给自己增加难度，毕竟自己并不是媒体的老总，怎么可能保证每月让媒体发表多少文章呢？要是真有这种本事，还用得着为左小农打工吗？

此时，他所能做的，只能是尽心尽力去完成任务罢了。其实能否真的全部完成，他自己心里根本没有底！令人感到高兴的是：在撰稿人的不懈努力下，开始的两三个月他都超额完成了任务。但是，当到了让左小农兑现承诺的时候，他又开始反悔了。

虽然奖励并不多，但是左小农仍然认为撰稿人既拿了工资，还要奖励是不合理的。从这里可以看出他的本意实际上是为员工设定工作量，应该恰好是让员工经过100%的努力，却只能完成99%的任务。这样既可以让员工努力工作为自己创造最大的利润，又可以让自己不必付出任何奖励。这样他可以据此告诉员工：你看，还有1%的任务你没有完成嘛！

这样才算是左小农想要达到的理想效果。就像农村的驴子拉磨，一般都要在驴子面前挂一束鲜草，诱使驴子不断地追赶这束鲜草却永远也吃不到，从而达到让驴子不知不觉地帮自己拉磨的目的。

因此，左小农所谓的"奖励"不过是他吸引员工为自己卖命工作的工具而已。就像农民挂在驴子面前的那束永远吃不到的鲜草一样，既让员工得

不到奖励，又以此促使员工发挥最大潜能！

如果反过来，员工付出99%或100%的努力，完成了100%的任务，他就会认为是工作量定得太低，自己吃亏了。因为要兑现承诺的奖励！这种情况下，他就要开始想办法悔约了。

所以从这点上来说，当员工经过努力达到他设定的标准后，想得到这些奖励仍然是不可能的。因为他压根就没打算给。他会以当时设定的标准太低为由，要求重新设定。就算有合同在手，他也照样会抵赖！

很明显，左小农把他手下的员工当成了驴子，而他自己就是"聪明的农民"。但遗憾的是左小农虽然有"农民式的狡黠"，并身体力行地在把自己当成农民的同时把员工改造成驴子，但是事实上，员工是人，并不是驴子，人家是不会上当的。当然也不是他想把人家改造成什么，人家就老老实实去当什么的。

所以，左小农的这些小伎俩往往被员工一眼识破，长此以往自然就不会再为他"拉磨"，更多的是开始砸他的"磨盘"。不仅效率减低了，员工也不再和他一条心。

不过从左小农这些做法来看，他的动机不折不扣都是"好的"。因为从员工手中抠出一分钱是一分钱，对公司而言，每一分钱都是钱哪！

但是，左小农的这些"好动机"造成的结果却是令人不敢恭维的，不仅造成人员流失，还造成工作停滞，对公司的发展并没有好处。毕竟，公司的发展不是靠从员工手中抠钱来实现的！这样做只能得到长足的退步，并且一发而不可收！

所以，光看动机不看结果，或者不看动机可能会造成什么结果的老板，无疑是愚蠢的。比如有些老板所重用的管理人员出于为老板卖命、让老板欣赏自己的动机，拼命压榨员工，从而逼反了员工，导致员工集体罢工。

这种情况，站在老板的立场看，管理人员的动机当然是好的，是为了维护老板的利益嘛。毕竟从员工身上克扣出来的钱，都是给老板省的，管理人员自己也装不进腰包！然而，它产生的后果和动机恰恰是相反的，不仅没有维护到老板的利益，反而导致员工反感、抗拒，甚至罢工，最后严重损害了老板的利益。

反过来，也有些管理人员比较人性化，他们会积极为员工争取应得的利益，比如要求公司对加班的员工支付加班费，对于做出成绩的员工给予一定的奖励。这些行为看似损害了老板的利益，让老板多付出了一些资金，站在老板的立场看，这动机似乎是对老板不利的。但是事实上，这种行为却能有效提高员工的工作积极性和凝聚力，使员工更加积极主动地工作，为老板创造更大的效益。

因此，一味强调动机至上，却不去想这种动机会产生什么结果的老板，不仅愚蠢，而且短视。他们只是鼠目寸光地看到了一丁点儿蝇头小利，却丢西瓜捡芝麻地放掉了更大的利益，甚至因此导致事业失败。

就像"画蛇添足"的故事一样，没有人会觉得他的动机不好。在所有参加画蛇比赛的画师中，这个人是第一个画完的，本来他可以得到那壶酒的奖赏，然而，他在画完之后，却想给蛇画上几只脚，以便更多地显出自己的才干：看我，多画了几只脚，还不比别人慢！

可是，这样一来，有着良好动机的他，不仅没能得到那壶酒的奖励，还反而成了千古笑柄。由此可见，有好动机，并不代表能做成好事，更不代表能够得到好的结果。

假如有管理人员希望所有员工都不拿工资为老板干活，能被老板因为"动机不错"而非常欣赏的话，那么，这个老板无疑是在断送自己的事业。因为他正在24小时不睡觉地盯着员工，这样绝对不会收到任何好的结果。

相反，如果有管理人员希望老板为员工支付加班费、甚至给予员工额外的奖励，且能被老板非常欣赏的话，那么，这个老板无疑将在管理方面取得极大的成功。他甚至可以放心地出去旅游，或者在家哄孩子玩，而不用担心员工会偷懒、怠工。

因此，动机与结果，值得所有老板认真深思，不要像唐僧那样，自己的脚力都被送了出去，还一个劲儿地认为猪八戒的动机不错！

称职的员工就是好员工

三个人继续向西天进发。

猪八戒一路讲着自己从网上看到的段子，想为枯燥的旅程增添一丝欢乐。

尽管如此，走了不久唐僧还是受不了了。

"哎哟，这走路还真是挺累人的！"

"师父啊，我们坐下歇歇吧！"八戒说，"别累着师父了。"

"还是八戒有孝心。"唐僧夸奖道。

说完，转头对沙僧喊道："老沙，歇会儿，顺便看看我们走到哪了！"

沙僧把行李扔在地上，从里面找出一张皱巴巴的地图扔给唐僧："自己看去！"

唐僧不悦："悟净，你这是什么态度？"

沙僧："师父，看什么看啊？我们才走了不到一个小时，连这座山都没出去。没了白龙马，你走这么一小会儿就受不了了，这样下去啥时候才能走到西天啊？"

"喂，皇上不急太监急！"猪八戒不高兴了，"通天的大路有九千，啥时走到啥时算。你着的哪门子急啊？"

说完，八戒拿出一个葫芦递给沙僧："去，给师父打点水去！"

"要去你自己去，我不去！"沙僧很生气，说："平常都是猴哥去，现在猴哥不在，应该是你老二去啊！"

"怎么应该是我去呢？猴哥不在，我是师兄，你应该听我的话才对。我让你去，当然应该是你去了！"

"真无耻！"沙僧气得要命，"师父啊，我挑着担子，他空着手，现在还要我去打水，这太不公平了！"

"八戒说得有道理啊！他是师兄，你当然要听他的嘛！"唐僧不为所动，反而责怪起沙僧来，"你要是不去的话，为师就准备给你记大过了。"

沙僧没辙，只好拿着葫芦出去找水。他顺着山道走啊走啊，听到前面传来哗啦啦的流水声，赶紧顺着水声往前走，终于来到一个山涧边。

"三师兄，你怎么来了？"忽然听到有人叫他，回头一看原来是白龙马。

"嘿，你怎么在这儿？"沙僧很高兴，"你不是被那个女施主骑走了吗，咋脱身的？"

"哎，摆脱她还不容易。半路上俺说要拉屎，她嫌臭就让俺走远点拉，俺就一口气跑到这儿来了，正想在这儿喝口水歇歇。你呢，你干什么来了？"

"嘘，小声点！"沙僧竖起一根指头，"那老贼秃让俺出来打水。你知道这一向是猴哥干的活，现在猴哥走了，按理应该由猪头干，可他不干，老贼秃也顺着他说该俺干，气死俺了！"

"别提了，那老贼秃，他懂什么啊？整天被那头猪哄得团团转，以为他是好员工。其实呀，咱们几个里面，最不称职的就是他！真想不透那老贼秃为什么那么喜欢他？"

"还不是因为他会拍马屁呗！"沙僧掏出一根烟点上深吸了一口，"这样的鸟人，也多亏遇上了唐僧这样的笨蛋才会这么吃香。如果换一个明智点的老板啊，早把他炒掉不知多少遍了。"

"是啊，别的不说，就说我吧：我天天驮着那贼秃赶路，二百多斤的大胖和尚压在身上，能不累吗？可那贼秃从不说俺一句好，如果走得慢一点还用皮鞭抽，你说让俺咋继续干活？所以俺跑出来就不想回去了。"

"是啊，俺也不想回去了，但是不回去又没地方去。"沙僧道，"俺虽然曾是卷帘大将，但毕竟那是上辈子的事了。不像你这辈子是龙太子，就算不跟着这老贼秃，回到龙宫还照样能吃香喝辣。"

"唉！别提了。我也是犯了错才被罚来给唐老倌儿当马骑的，要是有其他的门路，打死俺俺都不跟着他干！"

"咱们都一样，命苦啊。要是能自由选择的话，俺情愿当妖怪给大师兄打死，都不愿这样活受罪。想想真是命不好！"

"是啊，咱们都没跟对老板，但又都不得不跟着他走。"

"那老贼秃要是稍微能明辨点是非，再对我们好一点，我们也不会就这样半途而废啊！"

"有什么办法？即使他不能明辨是非，对我们也不好，我们不还是得跟着他干。不干，如来佛祖能饶了我们？也许，这正是他对我们不好的原因吧！"白龙马叹息道，"我之所以摆脱那个女施主，就是为了要回来驮那老贼秃去西天，谁让他那么好命，得了取经人这么个美差呢！"

"同是天涯沦落人啊！"沙僧的眼眶湿润了，"老弟，以往我和你很少交流，没想到你也有这么多苦水。看来，以后我们要多交流交流了。"

"三师兄，虽然不情愿，但是，打了水咱们还是早点回去吧！早一天到西天，就早一天摆脱老贼秃啊！"

"说得是，我现在就打水，等下就回去！"沙僧说着，用葫芦盛满水，翻身上马，向来路驰去。

【点评】

莫辜负任劳任怨的人

"不要以为在这个世界上有钱就是幸福，老板就值得尊敬。你看小区里有哪个有钱人敢把自己的电话号码告诉别人？又有哪个富豪可以在凌晨一点约上几个朋友蹲在街边的大排档里畅饮'金威'？不要羡慕有钱人，你看看他们那横冲直撞、目中无人、飞扬跋扈的德行，你就应该为自己忠于职守、严以自律而感到自豪！他们驾着靓车、家居豪华、出手阔绰，但他们所承受的心理压力是远非你们所能想象的。每个在经营企业的富豪，都犹如守着一座弹药库，稍有闪失就会灰飞烟灭。昔日多少如日中天的富豪如今都成了阶下囚、丧家犬！所以我常常自嘲地说：老板老板，其实就是一块木板！哪天一场火，一烧就没了！

"和我们相比，你们的履历一定更为单纯和清白。而我们这些所谓功成名就的企业家有几个是干净的？你们可知道达摩克利斯之剑一直悬在我们的头。在一些商业或社交的公共场合，很多老板都是衣着光鲜，西装革履，好似风光无限。每次被人请上主席台就座，我都有一种'人模狗样'的感觉。其实，背地里有谁知道其中的艰辛？如果你老实，你就是呆子；如果你讲诚信，那你就是傻瓜，这些与现代社会提倡的公德伦理是多么背道而驰呀。我曾正色对我的儿子说，你不要企望将来接我的班，在我这里你没什么可以继承的，有的只是惭愧！同时，我也不希望我的孩子将来出人头地，争强好胜。'宁做鸡头，不做凤尾'，这是我们中国人的一种民族怪病，大家难以齐心合力，这种怪病导致了中国企业永远都难做大做强。今天我们已经进入WTO，外国的大企业也已经长驱直入。而我们国内这些不大不小的公司个个都在窝里斗，四分五裂，这些老板可悲乎？值得尊敬乎？"

这是广东惠州房地产龙头企业——隆生企业集团董事长刘小波先生一篇题为《保安，请不要向我敬礼》的文章。

和唐僧相比，隆生企业集团董事长刘小波先生无疑是个尊重普通员工的典型。他从一个普通的客车司机通过开驾校、办企业，最终在没要国家投资一分钱的情况下，把企业经营成了惠州市累计纳税五亿余元的地产龙头企业。

由于善待员工且鼓励员工在企业长期发展，造成在隆生工作超过十年、十五年的员工比比皆是。隆生企业还针对这些工作期较长的员工分别设置了"十年长期服务奖"和"十五年长期服务奖"、"二十年特别贡献奖"，分别对这些员工颁发证书和奖金，既表达了对老员工长期服务于公司的感激，也鼓励更多的员工能够在隆生扎根，将隆生的工做当做自己的长期事业去用心经营。

所以，员工劳动合同期满后的续约率一度高达99%。

相信大家看过以上这些后都能明白隆生企业集团为什么能发展成为当地的龙头企业了。因为任何企业都离不开"人"，离开了"人"，企业就不能成为企业，而变成"止业"了。

一个留不住人的企业，离寿终正寝的"止业之期"绝对不会太远。而一

个能吸引99%的员工留下来的企业，和一个只能吸引1%的员工留下来的企业，其发展自然是不可相提并论的。

如果想做一个真正通过勤奋加努力取得成功的老板，是不用实行类似的愚民政策的，只须简单地告诉大家只要努力就一定能成功！因为他知道，自己的成功离不开一定程度的际遇，因此他会善待员工，尤其是基层员工，他深知这些人生活得不容易。

一些一味强调努力就能成功的老板，自己并不是靠勤奋和努力取得成功的。他们之所以趾高气扬地指责那些如上面所说的司机之类的底层员工，就是因为他们身上独有的"优越感"，觉得自己是成功者，自己了不起，便可以目中无人。

当然，他们也不敢目空一切。对于那些比他们强大的人，如手中握有实权的政府官员、他需要融资的银行领导、他必须仰仗的大客户等等，他们是不会也不敢这样做的。

那些老板视普通员工为机器，员工如流水、今天来明天走的企业，鲜有能够发展壮大的。这是因为他们如此对待普通员工，犯了管理上的大忌。

众所周知："水可载舟，亦可覆舟。"

这些普通员工平时看起来唯唯诺诺，任其随意指示，但是哪天如果突破了他们的底线，这些员工的愤怒集体爆发出来，老板的末日就要来了。

不是有很多老板因为犯了众怒，大家集体罢工，导致痛失订单，进而失去客户，甚至一蹶不振的事例吗？

因此，提醒这种类型的老板，千万不要以为普通员工好欺负，就不把他们当回事。要知道每个员工都是你事业机器上的一枚螺丝钉，想让事业更加顺畅，就得让每枚螺丝钉都开心地为你工作。有时候，一枚不起眼的螺丝钉出了故障，就可能毁掉一整台机器，甚至毁掉整个车间。

以前面的故事为例，故事中白龙马和孙悟空、猪八戒、沙僧都是唐僧西天取经的"工具"之一。但是，千百年来，世人在提到唐僧取经故事的时候，从来都是"师徒四人"，而很少有人提出过"师徒四人一匹马"的说法。这是为什么呢？其实就是因为白龙马没做过什么大事，所以大家习惯性地忽略了白龙马在唐僧取经过程中发挥的作用。大家只记得孙悟空斩妖除魔

的精彩，记得猪八戒偷懒贪吃的可笑，记得沙僧挑担出力的辛苦，甚至记得唐僧面对妖魔鬼怪时的懦弱，面对孙悟空时的蛮横无理和面对猪八戒沙僧时的昏庸无能，却很少有人记得白龙马的默默奉献和无怨无悔的付出。

事实上，虽然白龙马干的是技术含量不高的工作(驮人)，他既没有冲锋陷阵的本领，也没有扬名立万的机会。但是，他为唐僧作出的贡献，却是唐僧其他三个徒弟都无法做到的，这同样是不可抹杀的功劳。

正所谓"尺有所短，寸有所长"，即使如孙悟空这么神通广大的，也不可能天天驮着唐僧吧！

试想，如果没有白龙马默默地驮着唐僧前行，就凭唐僧的速度，有可能赶上三个徒弟的脚步吗？那样不会耽误他们取经的进程吗？

即便唐僧咬牙坚持，能走到西天取到真经。可是，取到真经返回的路上，如果不是白龙马驮着经书，他们又如何把那些经卷运回东土，从而取得功德的圆满？

白龙马作出如此贡献得到了什么回报？不仅物质上没有享受到斋饭的待遇，甚至在没有马厩的地方，连宿在屋檐下的可能性都失去了。

因此从某种意义上说，忽略白龙马的奉献，其实是唐僧整个取经团队的一大失误。同时，这也是千百年来所有传颂唐僧取经故事的世人的失误。

回过头来看看我们身边，在哪间公司里没有众多像故事中的白龙马，像那个只拿700元工资干了六年的司机一样的普通员工？他们干着最默默无闻的工作，拿着最微薄的薪水，但却发挥着他们不可取代的作用。

因此，作为老板，千万不要像本文开头那个司机的老板一样，仅仅因为面对的是个普通至极的员工，就忽略他工作上的奉献与付出，甚至无情地对其讽刺、挖苦。而应该向惠州隆生企业集团董事长刘小波学习，面对向自己举手敬礼的保安说一声："请不要向我敬礼！虽然职位虽有高低，但是我们都是平等的兄弟！"

不然的话，最终吃亏的，必将是老板自己！

聪明人知错就改，糊涂人有错就瞒

见到白龙马驮着沙僧回来，唐僧不禁露出欣喜的笑容："马呀马，你可回来了，真是想煞为师了！"

白龙马："哼！你是想我吗？你是想骑在我背上的舒适生活吧！"

"说得不错，为师走了这一会儿路，才知道没有马的日子多么不好过！早知道的话，就不让八戒把你送人了！"

"懒得理你！"白龙马忿忿不已，"我只是你的一个代步工具而已，用不到的时候，你永远不知道我的珍贵！"

"住嘴！"八戒拿起马鞭训斥道，"你是个什么东西，竟敢如此顶撞师父！师父是老板、是领导，凭什么在用不到你的时候也想到你啊？"

"你这猪头，就知道舔老板脚丫。早知道老子就不回来，让你驮着他去西天！"

"别吵了别吵了。"沙僧看不下去了，"师父啊，这白龙马是二师兄送出去的，他既然能自己跑回来工作，就说明他是忠诚的。二师兄要是再和他过不去，可就影响安定团结了。"

"说得对。"唐僧道，"白龙马，别和你师兄斗嘴了，他把你送人是出于好意。"

"喂！"白龙马怒道，"那索性我也好意把他送到肉联厂算了。"

唐僧赶紧补充："当然，你回来工作也是出于好心。因此，为师只能告诉你们，你们之间的恩怨纠葛不在为师管辖的范围之内。为师只是利用你们保护自己去西天取经，所以只看重你们的工作。哪个不好好工作，为师

就记哪个的大过！"

"德行！"白龙马气得七窍生烟，"其实你和我们只是利用与被利用的关系，你不说出来我们还能不知道？告诉你唐老倌儿，我回来是有绝密情报告诉你的，不然的话鬼才回来见你！"

"哦，是什么情报？"

"那个女施主是个冰箱妖，她和锅碗瓢盆妖、蒸笼妖、刀叉筷子妖联合起来，正准备在前面伏击师父，把你杀了冻成人肉疙瘩吃呢！"

"啊，真是妖怪啊！"八戒的腿抖了起来，"那些妖怪厉害吗？"

"那要看和谁比了，和你比起来当然算厉害。但是，要是和大师兄比起来，那就真算不上什么了！"

"师父师父，我们快点把大师兄请回来吧！"八戒叫道。

"二师兄，你这次还算说了一句人话。"沙僧道，"大师兄不回来我们寸步难行啊！"

唐僧不悦道："离了谁地球都转。我就不信没了猴头我们到不了西天！你和八戒是吃白食的吗？"

"当然不是，但是……师父，我们能力有限，斗不过妖怪啊。一般的小妖还能对付，但碰到了大妖，我们就……"

见唐僧脸色阴沉，八戒打断沙僧："沙师弟，看你说的！管他什么大妖老妖，来一个我老猪斩一个，来两个杀一双，一律钉耙伺候！"

"哼！就你那钉耙，搂柴火都嫌不利索，还杀妖怪呢！"

"谁说的？以为俺老猪是吃干饭的啊？告诉你，我这钉耙，干别的不行，搂柴火可是把好手！"

"得了得了，八戒你别搂了，这地上又没有柴火！"唐僧叫住八戒，"马到山前必有路，妖怪岂敌圣僧福？走！"

"走？哪里走！"山道上忽然出现了众多妖怪，围住了师徒三人，"唐老倌儿啊唐老倌儿，没了孙悟空，你去什么西天取什么经啊？乖乖地留下给我们当人肉叉烧包吧！不过我们可以给你最优厚的待遇，就是把你放在冰箱里冻成肉冻再吃！"

"何方妖怪如此大胆，竟敢把我师父冻成肉冻！"沙僧挥出禅杖骂道，"吃你沙爷爷一杖再说！"

"哈，你哪是我们的对手，撒下去吧！"菜刀妖一刀将沙僧的禅杖砍成

两截。

"服了吗？不服再来！"

沙僧恨恨地退下："这妖怪用的是名牌刀，比张无忌的屠龙宝刀还厉害。俺老沙的禅杖敌不过。二师兄，你上！"说完，把八戒推到了阵前。

"别忙别忙，俺和大师兄打个电话先！"八戒一边取手机一边对沙僧说，"三师弟，你先顶一阵，我打电话叫大师兄来！"

说着话，电话打通了。八戒对着话筒说："大师兄啊，我是你的二师弟。师父在灶头山遇到妖怪了，他们要吃师父的人肉冻啊，你快点来救命吧！什么，你要和师父说话，师父请你你才出山？好，我这就把电话给他，你等着啊！"

说完，猪八戒把电话递给唐僧："师父，大师兄要和你说话！"

"他叫我说话我就说话啊，那我岂不是太没面子了？告诉他，我不说！"

"师父，都生死关头了，你还要什么面子啊！"沙僧急了，"师父啊，这些妖怪可都是冲着你来的，你要是再不求大师兄来的话，最先玩儿完的就是你。到那时，可别怪我们没救你性命啊！"

"让我求他？我是谁？我是他的师父，是老板！让当师父的去求徒弟，当老板的去求员工，这个脸我可丢不起！"

沙僧气得骂了起来："你有哪门子本事，真的以为是我们的师父啊！我们哪个的武功是向你学的？别动不动就摆老板的臭架子，要是允许公平竞争，哪个和尚都能组团去取经，看谁会跟着你走？"

"别死要面子活受罪了，师父！"白龙马劝道，"等下被妖怪捉到，抽筋扒皮的滋味可不好受！"

"那我不管。要是我被妖怪捉去吃了，人家骂的还是他猴头，没人会骂我的。谁让我是师父他是徒弟呢！"

"师父，你可够卑鄙的。为了面子宁可拼出一条命去，然后让我们千秋万代地挨骂！"沙僧气坏了，"在你心目中，猴哥救你是天经地义的，不救你倒成犯罪了！"

"阿弥陀佛，正是！"

"阿你个头啊！"众小妖看不过去了，纷纷骂道。

"把这老贼秃绑回去下油锅，给孙悟空报仇！"妖怪头目道。

众小妖一拥而上，把唐僧捆得结结实实，抬着回灶头洞去了。

看妖怪们走远后，八戒对沙僧说："沙师弟，师父被妖怪捉去，经是取不成了。不如我们干脆把行李分了，你回你的流沙河，我回我的高老庄吧！"

白龙马道："等等，我知道大师兄不会看着师父有难不来帮助的。他只是想让师父吃些苦头，知道不善待下属、死要面子不改错的下场罢了！"

果然，话刚说完，孙悟空就驾着筋斗云出现在了他们面前。

【点评】..................

领导者更要有知错就改的勇气

2001年，笔者应某影视公司老板邓某力邀，进入其公司任职。

这家公司曾拍出了众多脍炙人口的作品，一度火遍大江南北，堪称当时同行业中的佼佼者。

笔者进入公司后，恰逢公司转型进军白酒领域。在完成本职工作之余，笔者还为公司作出了许多其他方面的贡献，可是却不仅得不到事前许诺的奖励，还屡次被邓某否定。为了不兑现奖励，他甚至直接否定这些贡献是笔者作出来的。

结合其他有着类似经历的职业经理人、市场销售人员、招商经理的经验教训，笔者认定这个老板虽然眼下辉煌，但如果不改变这种不诚信的作风，其未来一定不乐观。

由于其拒不认错，也坚决不肯兑现员工应得的奖励，所以，笔者在争取无果后，于2004年离开了他的公司。

后因为其一直不肯认真对待员工，自己做的错事也不愿承认，最终在2010年初宣布破产，这其中的教训不得不让我们深思。

事实上，像邓某这种明明是自己错了，却死不认错、死不悔改的老板并不在少数。

在很多的公司，作为管理者和经营者的老板实行的是独裁式管理。事前不允许有不同意见，就算在事实证明自己错了的前提下，仍然不肯承认和改正自己的错误。不仅如此，他们还对提出不同意见或未执行自己意见的下属实行打压政策，强行向员工灌输"一、老板不会错。二、如果老板错了，请参照第一条"之谬论，委实是可悲可叹。

就像笔者后来经历的一个地产策划公司老板，如果他能老老实实地做业务，一年便能有上千万的纯利润。可是他却"志向远大"，提出了一个自认为伟大的设想：全国有几十万家房地产公司，既然这些年房地产这么好赚钱，那么要他们每家公司每年出十万元钱绝对是小菜一碟。

因此，他认为只要联系到一万家，成立个"开发商俱乐部"，然后每家收他们十万元，一年就轻松弄到十亿元；就算是只有一千家肯交钱，也有一亿元，这比作策划辛辛苦苦一年才几千万元营业额真是强太多了。

当然，想收人家钱得有理由啊，就像为员工画大饼一样，你也得给人家房地产公司画个大饼，人家才会愿意交钱啊！

他想的理由是：办本内刊，对交了钱成了俱乐部会员的房地产公司免费赠送，而且还可以刊登宣传他们的文章，没交钱的则要花十元钱一本购买，当然其中也不会刊登其宣传文章。

下一步再办个网站，只准交了费的会员登录。他们可以在里面发布自己的企业信息，比如缺钱有地的企业要卖地，有钱缺地的企业要买地；缺钱的企业要融资，不缺钱的企业想投资；缺人的企业要招人，想发展的经理人想跳槽等等，这些都可以为这些会员企业提供一个寻找和发现机会的平台。

没交费、不是会员的企业自然没有登录权限，不仅不能发布信息，就算看信息的权限都没有。因此他们为了进入这个发布消息的平台，就会抓紧时间交费成为会员了！

这样就能一年收一亿至十亿元的会员费，而投入不过是办本没有刊号的内刊而已。只要找个印刷厂，交点印刷费，再办个网站就可以了。因此投入几乎可以忽略不计。为此他兴奋不已，立即着手实施。

虽然几乎所有员工都在内心认为这是不可能实现的，但是没人敢站出来反对，因为这个老板最听不得的就是反对的话。哪怕是真话，如果有人告诉他这不现实，他马上会把人臭骂一顿，说："没有做不到，只有想不到！"

事实上，这不是没有人想到，而是根本就不可能实现。比如笔者读小学时就曾想过：全中国有十多亿人，如果能说服他们每人给我一元钱，我就能有十几亿元！

一元钱，可以说对大多数人而言都不算什么。笔者要是如果因为想到了这一点，就真的去着手说服全国的人都给我一元钱，那大家都会认为笔者是个神经病！

可是这个老板却不这么认为，他认为自己想到了别人没想到的"利润增长点"。既然能想到就应该能做到，因此就要求员工立即着手实施。

大家虽然觉得他天真得可笑，但又不得不按他的意思去做，于是放下手头的工作，去做这无任何意义的事情……

最后的结局谁都知道，那就是忙了半年多一个客户也没拉来，一年收几亿元会费的"开发商俱乐部"也因此成了一个笑柄。

这是可以预见的：现在这个年头，报纸杂志多如牛毛，网站更是遍地开花。如果办杂志——而且还是没刊号的内刊，办个网站就能一年收上亿甚至十亿元巨款，那么估计连国际毒王都不会贩毒，而要跑来直接办内刊办网站了。

由此可见，这种老板不仅愚蠢，而且天真，天真到"学龄前儿童"的程度。

就像唐僧会犯错一样，老板也是人，不具备后眼，同样会犯各种各样的错误。不过与一般员工不同的是，员工犯了错会有老板追究，但如果老板犯了错，却往往没有人能够进行追究。因此，给人形成的感觉似乎老板从来都是对的。

在这种情况下，一些会钻营取巧的员工，如猪八戒之流，自然乐得投老板之所好，并因此深得老板赏识；而像孙悟空、沙僧以及白龙马之类会提出不同意见、对之进行劝阻的员工，则不仅无法受到老板的赏识，还往往会因为得罪老板而受到各种形式的压制与打击，严重者甚至会被辞退。

即使事后证明自己错了，为了面子，这样的老板也很少会有承认错误、为当初提出反对意见的员工正名，甚至对其进行奖励的行为。

长此以往，很容易造成员工对积极劝阻老板不明智决定的行为失去信心，任由老板在错误的道路上越走越远，直至彻底失败，就像故事中唐僧

被妖怪捉去一样。

不同的是，故事中的唐僧无论被多么厉害的妖怪捉去，在如来佛祖的安排和孙悟空的忠心保护之下，最终都能化险为夷。而现实中则不同，老板们如果遇到类似的失利情况，则很有可能回天乏术，只能眼睁睁看着自己辛苦创下的家业滑向败落的深渊。

因此，摒弃以往的面子观，多听听员工的意见，发现错误及时改正，才是扭转败局的唯一途径，众位老板千万不要等闲视之！

领导者切忌疑心病

得知师父被灶头山的妖怪们劫走，孙悟空立即带着猪八戒、沙僧和白龙马来到灶头洞，要求妖怪们归还师父。

灶头山的小妖看他气势汹汹，不敢得罪，急忙跑进洞里报告铁锅大王，说外面有个雷公脸的和尚，带着两个帮手前来找师父，放言若不归还，就把灶头山夷为平地。

听说孙悟空来了，铁锅大王自知不是对手，顿时害起怕来。为求安全，他急忙传令为唐僧松绑，随后还迎孙悟空等进洞议和。

这时唐僧正在灶前哭哭啼啼，只道这次自己必成为众妖怪的口中之食。忽然看到有小妖前来为他松绑，口口声声叫他唐爷爷，不禁大为惊讶，问小妖何故。

小妖说："你的大徒弟孙悟空来了，我们大王正在为他接风洗尘，要你前去作陪呢！"

闻听此言，唐僧又惊又喜，涕泪并流。

在灶头洞吃得酒足饭饱，铁锅大王亲自牵着白龙马送唐僧师徒四人上路。他说："铁锅得罪了东土来的圣僧，蒙大圣不杀之恩，日后定当回报。大圣此番西去，若遇上无锅造饭之时，打我电话，即派小妖送高级铁锅一口，以解大圣造饭之急！"

悟空道："好说好说，虽然你是铁锅大王，但是也不能想吃啥就吃啥。我师父虽然蠢点儿，但好歹也是我师父呀。你把他吃了，俺的面子何在？所以俺不得不前来叨扰你一顿，下次你注意点就行了！"

铁锅大王道："下次不敢了，再也不敢了。以后我会传令所有铁锅，不管他在哪个妖怪洞中工作，见到圣僧，都不得烹之饪之，否则立即开除我铁锅家族，永世不得再为我之子孙！"

二人絮絮叨叨，送出十里八乡才拱手作别。

看铁锅大王转身走远，悟空请师父上马赶路。

唐僧忽道："悟空啊，这个铁锅大王和你交情不浅呀！说，你们是何关系？是不是你们背地里设好圈套，让他出来把为师掳去，然后你再出来打抱不平，从而提高你在为师心中的地位、在众师弟面前的威信？"

"师父，那种英雄救美的招式早被人用滥了，俺老孙怎会屑用此招？至于铁锅大王，在你眼中是个大王，在俺老孙的眼中，不过是一口破锅。他哪敢和俺斗啊？他对俺客气些不过是为了自保罢了，俺老孙和他没啥关系呀！"

唐僧摇头道："不对，如果和他没啥关系，你为啥不对他痛下杀手，反而和他称兄道弟的？从五指山下收服你这猴头以来，除了被观音及各路神仙收走当仆从的妖怪，其他的妖怪哪个不是在你手下命赴黄泉的？为何你偏偏放过这一个？"

"师父啊，你不是经常教育俺们说出家人以慈悲为怀、不要滥杀生灵吗？俺看他从一口铁锅修炼到今天的地步也不容易，再加上他对俺老孙比较客气，没让师父受苦，主动交出师父，所以就饶了他。怎么，有什么不妥吗？"

"何止是不妥，简直是大大的不妥！"八戒接口道，"猴哥你想啊，这妖怪当着我们大伙的面表示只要你需要铁锅，他随时会派小妖送上高级铁锅，事情都到了这种地步了，还能说没有私交吗？依我看啊，八成就是你请他来捉师父的！"

"是啊，没准你们私底下达成了什么协议呢！"唐僧叹了口气，"虽然我也管不了，只能这样说说而已，但毕竟心里是不舒服的！"

"师父，二师兄，你们不能这样误会大师兄啊！他不计前嫌赶回来救出师父，为我们解围，我们怎么能不仅不感激，反而还疑神疑鬼呢？"沙僧看不过去，说道。

"你懂什么？"猪八戒打断沙僧的话，"师父这怎么叫疑神疑鬼呢？你想，大师兄能拿铁锅大王的好处，就不能拿其他妖怪的好处吗？我们这一路西行，遇到的大妖小妖，没有一万也有八千，如果个个这样大师兄还不发财了啊？"

"别说大师兄不是那种人，即便是，那也是他凭本事得来的，他又没让我们的利益受损。比如说他没眼看着师父有难不伸手、把二师兄你卖到妖怪洞。既然如此，我们管他发不发财，只管团结一心往西行就是了！"

"悟净住嘴！"唐僧生气地骂道，"他有本事又怎么样了？我早就看不惯从天神到鬼怪都对那猴头毕恭毕敬，却对为师不屑一顾了。为师甚至怀疑这一路遇到的妖怪都是他找来，供自己卖弄本领、让我对他心存畏惧用的！"

孙悟空一直没出声，这时忽然插话道："在师父心中，一直都是把我的妖怪出身挂在嘴边。我不像师弟们有显赫的出身，所以我卖力搏杀、斩妖除魔，为的就是打消师父这个疑虑。不料想，打杀十个、百个妖怪，师父不会记在心里；放过一个两个妖怪，师父就疑心大起，认为我与这妖怪有瓜葛。而八戒、沙僧即使一个妖怪都不打，甚至见了妖怪扭头就逃跑，师父也不认为他们与妖怪有瓜葛。师父，你不觉得这样看人有失公正吗？"

"有失什么公正？他们不杀妖是本领不济，为师自有分寸；而你明明有通天彻地之能却不杀妖，这不摆明了是……"

"真服了你了！"孙悟空又好气又好笑，"你认为咋样就咋样吧。反正俺就是不准备杀这个铁锅大王。如何处置都随你，俺啥也不说了！"说完，迈开大步往前走去。

"你看这猴头，讲不出理来就摆出一副受委屈的架势，依为师看哪，这背后一定大有阴谋。"唐僧扭头对八戒道，"你给我盯着猴头，看他有什么异常表现，随时汇报！"

"是！"猪八戒打了一个立正，响亮地答道，"请师父放心，我一定完成任务！"

学着用制度去管人

俗话说"疑人不用，用人不疑"，但是在现实中，还是有些老板习惯于"用人就疑"。而且在怀疑的同时，还不得不用被自己怀疑的人。原因就是在他心目中，除了自己世上已无可信任之人。

有了这样一个前提，使得不管员工作出多么大的贡献，他看的永远都是员工有没有在为自己作贡献的同时捞了什么好处、揩了什么油，是否通过工作与客户建立了较好的私人关系，是否接受了客户私底下的馈赠，哪怕这馈赠纯属私人性质。即使员工没有为此让公司利益受到任何损害，老板也照样疑神疑鬼⋯⋯

所以说老板的怀疑之心完全是以小人之心度君子之腹，见不得员工多挣钱，反而使自己失去机会的话，那么，还有一种老板对员工的怀疑，则是一种管理上的误区，这种误区完全可以通过完善制度进行改变。

比如某公司董事长刘先生认为，自己待手下的职业经理人不薄，企业给他们的平台很大，待遇也很优厚，可是这些经理人偏偏敢拿自己的职业生涯去冒险。

他们利用公司资源，采用低价、折扣等策略打开局面以赢得现金流，但这背后却是以降低公司利润为代价的。虽然表面上看当时的销售情况一片欣欣向荣，但事后才发现，这种营销手法根本就是通过拉关系、制造噱头和逢人便打折，以牺牲企业的利润而取得的业绩，并不是真正以强调产品的品质来打动顾客。

同时，这些经理人不注重细节管理，使销售管理制度建设缺失，结果产生了一些灰色地带，如故意压低价格，调价时故意隐瞒货源以赚取中间差价，个别销售人员用客户的名义申请打折，进行倒卖等等。

因此，这位董事长感慨企业做大以后，经理人如何明确自己的定位和把握好自己的心态是一个值得深思的问题。如果经理人把企业的发展都当成自己的能力使然而居功自傲，或者向投资者叫板，那么就一定免不了被逐出局，黯然谢幕。最终，这位董事长得出的结论是"公司一定要对职业经理人加强管理：用人要疑，疑人要用。明确授权，加强监管，不能以情养人"。

对于他所说的"公司一定要对职业经理人加强管理。明确授权，加强监管，不能以情养人"，笔者深深赞同，但是，对其"用人要疑，疑人要用"这个观点笔者就不敢苟同了。

我们抛开大家都熟知的古人"疑人不用，用人不疑"的至理名言不谈，单从人的本性而言，其实每个人都是一个需要被肯定、被认同、被信任的个体。可以说，没有一个人愿意在时刻受到怀疑的情况下与人合作。

就如同员工每天怀疑老板会不给自己发工资或者无故降低、克扣工资，不兑现承诺的待遇一样，让老板每天处在这些各种各样的怀疑包围之中，有哪个老板受得了？哪个老板愿意聘用这样的员工？既然老板需要理解、需要信任，那么，作为优秀人才的职业经理人又如何能够处于老板刻意营造的"用人要疑，疑人要用"的氛围中而无动于衷呢？因此我觉得，刘先生此言确实说得有点偏颇，并不足取。

当然，完全"疑人不用，用人不疑"，任由职业经理人凭良心做事，也会有一些弊端。正如刘先生所说"某些主管利用公司资源，采用低价、折扣等策略，打开局面以赢得现金流，但这背后却是以降低公司利润为代价实现的"。

又如刘先生百思不得其解的：待这些经理人不薄，企业给他们的平台很大，待遇都很优厚。可是他们为什么敢拿自己的职业生涯去冒险呢？

我觉得，这是企业内功欠缺、管理跟不上的缘故。如果把这些问题完全归因于职业经理人是不客观的。因为企业如果要实现专业化经营，练好内功是必不可少的一步。而且对于一个企业来说，内功不是"用人要疑"，更不是"疑人要用"，而应该是完善的制度。

在现今的社会中，以往粗放式的管理早已跟不上形势的发展。因此对于企业而言，只有形成了完善的制度才能进行有效的管理，才能得到长久的发展。所以，老板一定要相信制度的力量，通过出台完善的制度对企业进行完善的管理，而不应该通过指责和约束职业经理人来实现。

具体而言，当企业出现问题的时候，老板不应该简单地归咎于某一个

人，而更大程度上应该归责于制度的不完善，并想办法进行完善，让完善的制度成为企业发展的动力之源，顺利实现企业的发展壮大。

但是在现实中，还是有些老板在实际操作中，或多或少地像刘先生那样一方面"用人要疑"，另一方面"疑人要用"。具体表现在不肯对职业经理人放权，或者不完全放权，总是在某些关键点对其进行限制等方面。即使完全放权，也总会怀疑其用手中的职权从业务中收取回扣，或者从其他方面揩公司的油，损公肥私。结果势必会造成对职业经理人的不信任，并逐步收回其手中的权力，甚至做出将职业经理人"扫地出门"之类被指为"卸磨杀驴"的行为。

在这种情况下，老板的思想会形成一个恶性循环，一方面觉得自己没有找对人，没有聘请到德才兼备的人才，因此希望重新换人；是另一方面，就算换了人问题也不会得到彻底解决，类似的事情又会重演。

事实上，问题不可能通过换人得到根本解决，因为问题的根源在于公司的制度，而不是在于某个具体的人。如果有了完善的制度，能够对公司的员工及其工作进行有效的监控，那么这种问题完全可以避免。而这些，恰恰是一个老板应该进行的工作之一，但也往往是许多老板避而不谈、视而不见的问题。

从老板和职业经理人关系的层面来说，老板要做的工作绝不是对职业经理人进行方方面面的限制，而应该是通过有效的手段确保企业利益不受侵害。所以说前者是手段，后者才是目的。

遗憾的是，许多老板却把手段当成目的，把重心放在对职业经理人的监视上来，而忽略了真正的目的。

事实上，要想达到使企业利益不受任何侵害，老板就应该考虑建立完善的企业管理制度，从而不给职业经理人任何浑水摸鱼的机会，这样便可以从源头上堵住这个漏洞，效果也远比换人更好。

这是因为无论换了谁做职业经理人，只要企业在制度上有漏洞，都无法保证职业经理人不去钻这个空子。既然如此，是简单的换人好呢，还是建立完善的企业管理制度，让职业经理人受到制度的约束、无空子可钻好呢？明眼人一看便知。

在现实中，很多企业老板往往更喜欢采用直接换人的方法，而不喜欢建立完善的制度来从源头上堵住这些漏洞。这里面有两个原因：

1．建立完善的制度需要较长的过程，不可能立竿见影、一蹴而就。

2．建立和实施完善的制度会增加一定的运营成本。

尽管如此，但企业如果想获得长远的发展，还是必须通过制度来加强管理，解决企业运营中出现的形形色色的问题。

在过去，由于市场的不规范与竞争的不充分，企业赢利比较容易，完善的内部管理制度的重要性没有充分显示出来。但在当今的形势下，各行各业开始逐步规范化，企业只有通过规范运作，才能获得同等条件下更好的竞争优势，也只有规范化运作的企业，才能在竞争激烈的市场中脱颖而出，获得良好的发展。

企业老板越早通过完善制度进行管理，企业获得的发展空间就越大。这方面的例子并不罕见，位处广州的恒大地产集团堪称是这方面的经典范例：

恒大集团1997年创业时是一个由董事局主席许家印筹措数百万元资金成立的一家仅有十几名员工的小公司。在经历了10余年的发展后，目前已形成了上万人的团队，他们的影响从广州一直辐射到全国，现已位列中国企业500强、中国民营企业20强、中国房地产企业10强……

恒大集团实现的超常规、跨越式发展，其实就是诠释一个企业由小到大、自弱到强的过程。2009年11月5日，恒大地产正式在香港联交所主板挂牌上市，恒大地产董事局主席许家印也因此一跃成为内地新首富。

这种企业的超常规发展就不是由疑心对员工，而是由对员工充分信任、发挥员工的积极主动性来实现的。不然的话，动不动就上万、几万人的企业，靠老板一个一个以怀疑的眼光盯着，恐怕累死也盯不过来，就更别说发展了。

而许多企业，受"打虎亲兄弟，上阵父子兵"的传统观念影响，习惯于在创业之初重点任用自己的亲戚朋友，打造家族式企业。最后的结果经常是内部管理混乱，遇事推诿扯皮，无法规范运作。

认识到这种用人和管理模式的弊端不利于企业发展之后，不少老板也曾转变观念。他们制定了严格的公司管理制度来进行约束，但是在实施的过程中还是会遇到各种各样的问题。一旦遇到问题，尤其是和老板本人有冲突的问题，有些老板就会打退堂鼓，造成出台的各项制度成为摆设，使得企业重新陷于不重视管理，或管理无方的境地，严重影响了企业的发

展。

类似的例子非常多，许多盛极而衰的家族式企业都是这方面的典型，这里就不一一列举了。

而刘先生的公司出现的问题，其实也要分两方面说。无疑，职业经理人"打开局面，赢得了现金流"是应该受到肯定的，但其降低公司利润的做法是应该受到谴责的。

但是，仅仅靠谴责是解决不了问题的，还应该究其深层的原因：其降低公司利润的做法是否是瞒着老板进行的？老板有没有对公司利润定一个底线呢？

如果有，那么无疑职业经理人是没办法降低这个利润的，因为他毕竟不可能突破老板设定的底线；如果没有，那么我觉得很大程度上是公司给了其"降低公司利润"的机会。这时候，老板绝对是应该深刻反思的。

毕竟，老板在企业里有着绝对的生杀予夺大权。一旦出了问题，固然不能排除下属的责任，但更大的责任应该在企业制度的不完善上。而这恰恰是老板的工作职责之一。

职业经理人应该有职业经理人的操守。在一个企业里，无论建立了多大的功勋，都应该承认是老板给了自己发挥、发展的平台，而不能功高盖主、与老板过不去，更不能做出损害企业利益、中饱私囊的不光彩行为！

我相信只要老板给予了适当的平台、合理的待遇，不管是职业经理人，还是普通员工，甚至是建筑工地上的体力劳动者，都是会珍惜自己的工作机会的。如果有人做出"拿自己的职业生涯去冒险"的行为，那他一定是个傻子。既然是傻子，老板干吗还要选择其当职业经理人？老板不是成了更大的傻子了吗？

企业在发展过程中出现一些问题是很正常的，但问题的关键在于老板和职业经理人要分清自己的职责和责任。属于职业经理人的问题，老板应该通过肃清队伍进行整顿；属于老板的问题，老板也应该正视问题的所在，从根本上找原因。最终由两方面共同建立起一套完善的管理制度和用人机制，才能有利于企业的进一步发展。当能做到建立完善的管理制度时，还要注意用人机制的进一步发展，也就是不通过换人、任人唯亲等方式来加强管理，这样做对于所有立志做大做强、规范化发展的企业都不无裨益！

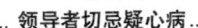

　　毕竟人都是有感情的动物，与其以怀疑的眼光盯着员工，不如以完善的制度对他们进行管理。所以员工在工作中，在和客户建立工作关系的同时，产生点私人感情也属正常。事实上，员工只要不利用与客户的私人感情另立门户，或与客户勾结起来损害公司利益，那么这种与客户之间的私人感情就不仅对公司无害，反而会进一步促进双方的合作，有利于工作的进展。

　　就像孙悟空兵不血刃救回唐僧，其结果就远胜于与妖怪大斗一场、杀戮无数来得要好。

　　孙悟空的职责是斩妖除魔这没错，但是在不斩除妖魔也能救回唐僧的情况下，唐僧完全不必怀疑他是否与妖怪达成了什么协议，而只须关心他是否救出了自己就行了。

　　因此，作为老板不要只把眼睛盯着手下的员工与客户之间是否超出了工作关系，而应该通过建立更完善的公司管理制度，看其与客户合作的过程与该过程可能产生的结果是否对公司有利才是奔向成功的康庄大道。

　　这样才是一个聪明的老板，才不会犯类似唐僧那样的疑人错误！

拾贰

适合自己的方法才是正确的方法

　　自从被孙悟空从铁锅大王手中救回之后，唐僧对他的怀疑日渐加重，总是担心他不忠诚，背着自己与众妖怪作什么交易，或者为了偷懒而故意对妖怪不除恶务尽。

　　因此，唐僧一直冥思苦想用什么办法才能解决这个问题，让悟空的所作所为都处于自己的掌控之中。

　　这天，唐僧收到了一本如来佛祖亲自编著的《八大金刚管理心得汇编》。唐僧仔细研读之后，不禁茅塞顿开：原来如来佛祖要求八大金刚每天汇报自己当天的工作，并同时做出第二天的工作计划。从这些报告里就能准确掌握他们的工作情况，了解他们有没有偷懒、工作量是否充足。我何不也效仿佛祖的管理方法，让悟空他们也把每天的工作都作出汇报，并对第二天的工作作出计划呢？

　　于是他立即召开大会，宣布这个决定，要求悟空、八戒、沙僧、白龙马每天都要把工作做成报告上交，同时对第二天的工作作进一步的计划，以利掌握工作进展。

　　当这个决定宣布之后，孙悟空第一个表示反对："师父，俺每天干的活儿你都看得到，让俺作啥汇报？至于工作计划嘛，我怎么知道明天会遇到什么妖怪？是收降他还是打死他，或者斗不过他要去请其他神仙来帮忙？你这不是给俺出难题吗？"

　　"这我不管，我就是要看到你们的工作汇报和工作计划。你们不知道这是最先进的管理方法吗？如来佛祖都在用这种方法管理，你凭什么反对？"

唐僧态度坚决，斩钉截铁地说，"不交汇报和计划者，一律以违反《员工守则》罪进行处罚！"

"师父这个决定好啊！"八戒附和道，"一来我们当天干了什么可以让师父第一时间知道，二来还可以让师父及时了解我们明天准备进行的工作。我相信也只有师父才能想出这么好的管理办法，所以我坚决拥护和支持！"

"你拥护个屁啊，就你干的活儿少、偷的懒多！"沙僧忍不住和他吵了起来，"我和大师兄每天都有忙不完的活儿，经常忙得脚不点地，哪有空搞这些啊？要搞你自己搞吧！"

"不行，你们都要搞，哪个不搞我就处分他！"唐僧打断沙僧的话，"这是如来佛祖的管理圣经，八大金刚都被他用这办法管得服服帖帖，我就不信用这办法管不了你们！"

"可是，八大金刚的工作性质和我们不同啊。他们是静态的工作，工作容易量化，而且可以作出详细计划。但我们是动态的工作，形势时时刻刻在变，如何能作出计划？"白龙马道，"要不，你让他们一会儿给佛祖化斋、一会儿给佛祖打水、一会儿给佛祖除妖，然后还要写总结、订计划试试！"

"省省吧白马，别为你大师兄说话了，就算说也没用。为师心意已决，反对无效。除了坚决拥护的猪八戒，其他人包括白马你，不管多晚打尖儿，都要写完工作汇报、做好工作计划，交给八戒监督之后方准睡觉！"

说完，唐僧翻身上马，打了个响指："走！"

当天晚上，孙悟空、沙僧趴在煤油灯下写工作汇报和计划。

孙悟空边写边念："今天为师父打水两次、化斋一次；帮师父敲门借宿一次，后因为不识路，叫土地公公出来问路一次；路上师父困倦，为他讲笑话解闷儿三次。明天准备为师父打水三次，化斋两次，帮师父敲门借宿一次，如果识路就不向土地公公问路，如果不识路便还要问一次；如果师父困倦，就准备为他讲笑话直至他不困倦为止，如果师父不困倦，就不讲笑话……"

沙僧在纸上写道："今天挑着担子，随师父赶路三百余公里，听师父唠叨五百余句，接腔一句。住宿后，为师父洗袈裟一件、内裤一条、袜子半双（注：师父穿错二师兄一只袜子，我扔给二师兄自己洗了）。明天准备再挑着担子，随师父赶路三百余公里，再听师父唠叨五百余句，不过这次准

备接腔两句。晚上如果师父洗澡，就为他洗内裤，如果他不洗澡，则不洗内裤……"

写完后，沙僧拿着自己写的汇报和计划交给猪八戒，八戒看了看，说："今天接师父一句，明天准备接两句。嗯！有进步，不错！但是，你没给我洗袜子，我还是要扣你半分。"

说完，转头看孙悟空，孙悟空仍然在写："今天没有遇到妖怪，明天不知是否有妖怪、会是什么妖怪。如果有，便尽力铲除；如果除不掉，就去搬救兵；如果救兵也打不过妖怪，就查他父母是否是天界神仙——如果是，就请其父母出山；如果不是，就请观音菩萨、如来佛祖。总之，务必要除掉该妖，保师父西行……"

八戒打了个哈欠："困死了，大师兄，你好好写吧，我要睡觉了。"

里屋早已传出了唐僧的呼噜声。

第二天，悟空扛着金箍棒，无精打采地在前面开路；沙僧挑着担子，歪歪斜斜地在后面跟着。

白龙马驮着唐僧边走边打哈欠，几次走着走着站在路当中就睡着了。唐僧很生气地踢了几脚，白龙马才惊醒过来。

唐僧道："白马啊白马，你怎么搞的，想搞罢工吗？"

"没有啊师父，我这不是往前走呢吗？"

"你干吗走一步停三步的，是不是想记大过啊？"

"不是的，这主要是因为昨天写工作汇报太累，弄得到鸡叫三遍才睡觉。我自小有失眠的毛病，结果还没睡着就被叫起来赶路，弄得我现在好困啊！"

"那你不能写快点吗？我只收到八戒交上来的你的工作汇报，可是还没见到你今天的工作计划呢！"

"计划个屁啊！我就是一匹马而已，我的工作计划还不是和你紧密联系在一起的。你让俺啥时走俺就啥时走，你让俺啥时歇俺就啥时歇。你说俺作为一匹马能有啥计划，还不都是你说了算？"

唐僧想了想说："论理你说的也没错儿，你的一切工作计划都是由为师决定的，你每天的工作为师也都看在眼里。可是，一方面这个制度是如来佛祖的先进经验，为师照搬了过来；另一方面为师也想加强对你们的管理，了解你们的工作情况和计划，所以一定要坚决执行。至少可以对你们形成一种威慑，让你们不敢偷懒……"

"天啊！"孙悟空、沙僧、白龙马一齐叫了起来，"老贼秃，说来说去，你还是信不过我们啊！那好啊，我们还信不过跟着你有前途呢。从今天开始，你必须每天为我们描绘工作前景，为我们每天的工作成绩打分。要累，就大伙儿一起累吧！"

【点评】................

不能滥用别人的经验

时下，企业界盛行克隆、抄袭风，只要知名企业推出一个制度，不少老板就不顾自己企业的实际情况，一窝蜂地进行学习、效仿。以为人家能凭此制度取得成功，他们也一样能。

殊不知，企业管理不是小学生交作业，不是照葫芦画瓢就能够完成的。

不具备先进企业的企业文化、没有过硬的软件硬件支撑，就算生硬地照搬人家的经验，顶多只能算是模仿，用句不好听的成语来形容就是"东施效颦"。

笔者曾在一个公司工作，该公司的老板1997年曾在青岛海尔集团工作过两个月。当时的海尔掌门人张瑞敏"十年磨一剑"，博采众长上下求索，创出了一套OEC管理法，也称"日事日毕，日清日高"管理法。其主要操作方法就是：对当天发生的各种问题或异常现象，一定要在当天弄清原因、分清责任，及时采取措施进行处理，从而防止问题积累，以保证目标得以实现。所以"日清日高"管理法就是对工作中的薄弱环节不断改善、不断提高的一个过程。

据说按这套方法的要求，员工只要"坚持每天提高1%"，70天工作下来就可以提高一倍。不过确实也很管用，要不海尔怎么成了龙头老大呢？

在海尔实施这套经验差不多十年后的2005年，那个曾在海尔工作过的

老板心血来潮，决定拾海尔的牙慧也这样做。他觉得海尔是个知名企业，其经验一定是先进的，说不定就是因为这个制度造就了海尔。如果自己也能这么做，很可能也能成为本行业中的老大。

因此，他不顾自己公司与海尔无论是在行业、规模还是工作性质、管理能力等各方面都有巨大差异的现实，硬是将"日清日高"更名为"日清日报"来效仿，并且变本加厉地要求所有员工"写得越细越好"。

具体规定是：每个员工在每天下班前都要把自己当天的工作进度、第二天的工作计划，以及经验、教训、心得体会等形成文字上交汇报，如果不上交则要被罚款。

每到周末，除了要对当天的工作进行总结，还要将本周的工作情况、下周的工作计划形成文字上交汇报。

而每月的月底，除了要对当天、当周的工作进行回顾之外，还要对当月的工作进行回顾、对下月的工作进行计划。

另外，每季度末和每年末都要对上季度、上年度工作进行总结，并对下季度、来年的工作进行计划……

总之，如果真的按他这些要求完成，如果赶上月底，又恰巧是周末的话，员工可能一天时间都得花在这上面：先写当天的"日清日报"，再写当周的"周清周报"，然后再写当月的"月清月报"……而且每个都要写得"越细越好"……

按常理来说，老板每天面对几百份这样的汇报，估计除了看汇报什么都干不了了。因此，有人认为这种制度就是走形式而已，一定长不了。

可是老板却有着不达目标不罢休的心态，他不仅大会小会讲要把"日清日报"进行到底，还亲自把"将日清日报进行到底"用毛笔写成大字报，专门辟出一个宣传栏在公司张贴。

可是遗憾的是标语没有粘牢，没过几天就耷拉下了一个角，似乎这也预示着这个老板的这项新制度的命运。开始的几天老板还亲自把大家的"日清日报"汇总起来看一看，但后来他发现如果一直这样看下去，自己什么都别想做了，因此也就慢慢放松了。

他觉得这项制度重在威慑，反正他看不看别人并不知道。而且他估计也没有人敢乱报。

不料却有人真的敢"犯上作乱"。因为大家的工作都比较忙，没有时间来弄这些形式上的东西，甚至有的人天天加班到坐末班车回去，却还要抽时间来弄这无聊的玩意儿。

因此，过了一段时间，不知是有意还是无意，有人从自己撰写的提案里随便复制了一段话作为"日清日报"交了上去，结果没有被发现。

这下大家都知道了老板根本不看"日清日报"，以往大家都白汇报了。慢慢地，大家都开始胡乱报了，随便写点什么就交上去。来不及写的就干脆弄段网络新闻交上去，最后竟也相安无事。

又过了一段时间，有相当一部分人已经放弃了"日清日报"，老板也淡忘了这事，不再大会小会提"日清日报"了。

再过了一段时间，"日清日报"就像从这个公司蒸发了一样，就像那张"将日清日报进行到底"的大字报一样，早就不知哪一天被扫进了垃圾桶里去了。

实际上在实行这项制度的时间段里，该公司的士气、业务不仅没有进展，反而退步了。因为大家每天都得抽出宝贵的时间来完成这项无聊的任务，如某人在报告里写着："今天给客户打了一个电话，客户不在，我留下了电话号码，让客户有空时打过来。但最后直到下班客户也没有打过来，所以我只好明天再打给客户。如果找到，就和他沟通工作事宜；如果找不到，我就……"

仅仅打一个电话就要写这么多废话，试想，一天做过的工作要花多少时间和精力才能写完？如果多做工作少汇报，又容易给老板留下偷懒耍滑的印象。

因此，没人会傻到干了活不汇报的，反而都添油加醋地尽量多汇报。长此以往，能不耽误工作吗？

从一定意义上来说，某个企业通过某种方式的管理提高了工作效率，那一定是根据企业的实际情况，经过详细的可行性调查，才制定出这项制度，而绝不可能是简单地拍拍脑袋就想出来的。

同样，看到其他企业用某种方式取得成功，觉得这种方式可以借鉴、照搬人家的经验也能取得成功，但这是有前提的，首先必须进行企业硬件和软件方面的横向对比与改良，如果直接纵向地拿来照搬照用，还硬要说自己不是儿戏，那一定是企业领导者的思维出现了问题。

比如海尔的"日事日毕，日清日高"制度，不知有多少企业效仿过，但

是却没听说有哪个企业因为模仿了海尔的这项制度取得了和海尔一样的业绩并成为海尔那样的大企业的。相反，绝大多数效仿者都是半途而废，甚至有些还没有"将'日清日高'进行到底"，公司的寿命就到了尽头。

以故事中如来佛祖和唐僧的管理为例：八大金刚一般是在如来佛祖的圣殿前随侍的，其工作内容是相对固定而且可以量化和计划的，如来佛祖用这种方式管理完全可以理解。

而唐僧手下的孙悟空、猪八戒、沙僧以及白龙马则不同：

一来他们进行的是动态工作，属于"永远在路上"的工种。由于唐僧与之同行，对其工作状况一目了然，完全没必要每天汇报；

二来路上的形势随时可能发生变化，所谓计划没有变化快，根本不可能进行预先的计划。比如计划了明天打馒头妖，到时候却出来个包子妖，计划不是完全无用了吗？

就像那个公司的老板一样，事实上，那个老板经常打乱员工的工作计划，为员工安插新的工作内容。往往是员工手头的这项工作还没有完成，甚至刚刚开了个头，他就又派过来一项新的工作，有的甚至手头积压了老板派过来的几分工作。

当有人告诉他自己有工作计划、时间紧张的时候，他的回答是："计划没有变化快，要根据轻重缓急来调整计划。我安排给你的这个工作比你手头的更重要，你要先做这个！"

因此，那些工作计划既是他要求大家制订的，又是他为大家打乱的。不管愿意与否，员工都只能无奈地围着他的指挥棒转。他让订计划就订计划，他让打乱计划就打乱计划……

这种情况下，他还要求员工天天作汇报、搞计划，这样做除了耽误宝贵的时间，还能起到什么作用？

因此，这个老板就像故事中的唐僧一样，不顾自己团队与效仿对象团队工作性质的不同，一味拿别人的管理经验来管理自己的团队，除了浪费大家的时间、浪费公司的资源，收获一大堆毫无实际价值的工作计划以外，什么都没有得到。

企业管理不是过家家，不能不顾自己企业的实际情况，对先进管理经验实行简单的拿来主义。因为适合先进企业的经验不一定适合自己的企业，并不能形成适合自己企业的管理模式。

相反，拿来主义还有可能会形成一种管理的黑洞，造成员工精力、时间甚至公司财力、机会的浪费，起到的实际效果微乎其微，甚至有害无益。

杜绝小人，钦佩有本事的人

在孙悟空、沙僧和白龙马的强烈要求之下，唐僧不得不每天针对其工作汇报进行综合评估，并对第二天的工作制订指导性计划。

唐僧干了没几天，无论在情感、精力还是时间上都接受不了这种制度了。于是，他本着"会用别人为自己做事是最大的领导艺术"的原则，决定把这项差事交给猪八戒，让他替自己做这些工作。

唐僧把八戒叫到面前告诉他说，这是一个实践管理的好机会，如果干得好，就能成为一个管理者，以后回去就能当职业经理人。

猪八戒听了非常高兴，乐呵呵地接受了这项任务。

猪八戒刚干了一天就受不了了，他发现这样劳神费力地作汇报、作计划、作评估，实在没有任何实际意义：大家每天干了什么有目共睹，第二天将遇到什么情况，谁都无法预知。既然如此，何必一起费力劳神呢？有那工夫，多休息一下养精蓄锐，以利于明天有更充沛的精力投入工作，遇到新情况随机应变、灵活处理不是更好吗？

更重要的是，目前的情况是除了自己谁都没有偷懒。每个人，包括白龙马都在兢兢业业地干着本职工作，非要疑神疑鬼地监督大家每天搞工作汇报、工作计划，不是形式主义是什么？

而且，孙悟空、沙僧和白龙马他们每人每天写一份，自己却要看三份。不仅如此，还要针对这三份汇报写三份相应的评估、制订三份相应的计划。哎呀，光想想头就大了。

但是，这些话他不敢也不愿向师父说——要是说了，被师父采纳了，自己就失去了实践管理的好机会了；而且，师父规定他可以不作汇报，在一定程度上这也等于批准了他可以不干或者少干活。自己是监督者，只要自己不说，师父也不能怪罪。

至于作计划，反正谁也不知道明天会发生什么，随便作一下也没人能挑出错来。

因此，他开始严格执行这项制度。

这样一来就苦了孙悟空、沙僧和白龙马，完成每天的工作之后，还要像小学生写作业一样，趴在煤油灯下一笔一画地进行工作总结。忙完这一切，往往已是鸡叫时分，严重影响了他们的休息。

这一天，他们来到厉害山，遇到了厉害妖。孙悟空与厉害妖斗到半夜仍然未分出胜负。

正斗得难解难分，厉害妖腰间的手机响了起来。

厉害妖停手接完电话说："猴头，我老婆叫我回去吃饭睡觉，是好汉的别缠着我，咱们明天再战！"说完，化作一缕青烟走了。

孙悟空只得罢战，回来吃饭。饭没吃完，就趴在桌上睡着了。正睡得香，忽然，猪八戒叫醒了他："猴哥醒醒，要交工作汇报了！"

孙悟空睁开眼来，说："交什么汇报？老子打了一天仗，乏着呢，今天不写了！"说完，又闭上眼睛睡了起来。

"不写了？哪成啊！师父规定的是每天都要交工作汇报嘛。你不交可不行！"

说完，猪八戒就揪孙悟空的耳朵："起来，快起来！"

沙僧在旁边看不过去了，说："二师兄，你不要打扰大师兄休息，他与妖怪打了一天仗，太累了！"

"我不管，我只知道师父要求我每天收工作汇报，监督你们的工作！"猪八戒道，"如果我做不到，那就是我的失职！"

"你这猪头，当个芝麻绿豆的官，还拿着鸡毛当令箭了！"沙僧早就看不惯他的所作所为了，这下终于发作起来，"大师兄与妖怪浴血拼杀，我在旁边助威，你和师父在树荫下乘凉，打完仗倒催起来了。有本事明天你也和妖怪打仗去！"

猪八戒也不甘示弱："沙师弟，你还别不服气。师父给我们有明确分工，打妖怪是你们的工作，我的工作就是当领导、监督你们。师父说了，

每天不管工作多晚，都要交工作汇报！"

说完，他抓着孙悟空的衣领，叫道："起来起来，交了汇报再睡！"

孙悟空气极，一把把他推到了窗外："你吃屎去吧！"

窗外，白龙马正在拉屎，猪八戒在马屎堆上跌了个跟头，全身沾满了马屎，连嘴里都跌进了几颗马粪蛋。

这下猪八戒火了："好你个猴头，不遵守师父号令，还动手打人，看我不告诉师父去！"

他这一喊，孙悟空的火上来了："好你个猪头，整天啥事不干，靠着拍师父马屁混日子，还想在俺面前颐指气使，今天俺老孙拼着被师父开除也要揍你一顿！"

他也不睡觉了，出来揪住八戒就打。

唐僧被他们吵得睡不着，光着身子跑了出来："干什么啊干什么？世界大战了还是宇宙末日了？"

"师父，他不交工作汇报，还打人！"猪八戒连忙向唐僧告状，"这日子没法过了！"

"悟空！"唐僧已乜了孙悟空一眼，抬头向天，面无表情地说道，"好久没念紧箍咒，为师都快忘记怎么念了。八戒，快把我的袈裟拿来，咒语就在袈裟兜里装着呢！"

"师父，这事不能怪大师兄！"沙僧上来为孙悟空说话，"大师兄打了一天妖怪，回来连休息一下二师兄都不让。而人家妖怪却被老婆叫回去吃饭、睡觉，养精蓄锐。这样下去，明天怎么接着和妖怪打啊！"

"明天的事明天再讲，今天的工作一定要今天完成！这就是日清日报的精要所在！"唐僧道，"为师不是规定了吗？要日事日结、日清日报。这是我们最重要的一项制度，不报就是没有日事日结，就是没完成工作。不管遇到多大的困难，我们都要把日清日报坚持到底！"

"我晕！"孙悟空说。

唐僧白了他一眼，道："悟空，看在你今天辛苦一天的分上，为师就不念紧箍咒惩罚你了，你赶快去写工作汇报，交给八戒，以利他制订明天的工作计划！"

"他会制订什么计划！"孙悟空骂道，"他知道今天我们斗的是什么妖怪、知道这妖怪用什么武器、最厉害的是什么功夫吗？他什么都不知道，只会关在屋里制订中看不中用的计划。照这样下去，明天的仗我不打了，你让他去打吧！"

"你这猴头，咋这么不听劝呢？那八戒好歹也是我封的主管，你动不动就揍他一顿，还不服管教，让我的面子往哪搁？告诉你，今儿个你不写计划的话，明天就别跟着我干了，回你的花果山去吧！"

"谁稀罕啊！"孙悟空道，"说实话，俺还真不想给你干了。走就走，有什么大不了的！"

说完，他脱下唐僧给自己缝的虎皮裙，然后指着头上的金箍说："拿个金箍束缚人，算什么本事？你把金箍给俺摘了，俺立马就走，决不回头。让你的工作汇报、工作计划保护你功德圆满上西天吧！"

见孙悟空要走，沙僧也不干了，从行李中拿出自己的换洗衣裳："俺也不干了，师父，结工钱！"

白龙马一看只剩下自己和八戒跟着唐僧，自然不乐意："你们都走，我也不跟唐老秃了！"说完，白龙马也变回人形，然后伸手对唐僧说："给盘缠！"

唐僧这下慌了："你们都走啊？别急别急，有话好商量。等下我了解一下情况，看到底是怎么一回事儿，算为师求你们了好不好？"

【点评】

用人才不用奴才

作为老板，手下难免会有个别有才无德或无才无德的溜须小人。就像古代的皇帝，哪怕是明君，手下也难免有奸臣，更别提那些昏庸的糊涂君王了。

这种小人最擅长的不是工作而是揣摩老板心理、讨老板欢心，此举谓之曰"欺上"；最不擅长也最不愿意的，是做工作。别说让其帮助同事完成工作了，他们不让同事帮自己完成工作，就已经谢天谢地了。此举谓之曰

"瞒下"。

所以，老板在用人的时候，不应该因为这样的人对自己言听计从、刻意奉承，就认定其是好员工、值得重用。

"21世纪最贵的是什么？人才！"电影中葛优的一句经典台词，成了风靡一时的流行语。但是，在现实生活中，有多少老板能真正认识到人才最宝贵，并身体力行地给予人才以适当的待遇、给予其尽可能大的发展空间，使之为企业发展贡献自己的全部身心呢？

古人说，士为知己者死！但在现实中，真正能够成为人才知己的老板却不多见。更多老板喜欢的是奴才，而非人才，或者是具有奴才特性的人才。

有些老板即使打着"尊重人才"的旗号把人才招至麾下，也未必真正尊重人才，可是他们却要求人才无条件尊重自己、尊重权力。

最典型的表现是：如果该人才不具备一定的奴性、不会或不愿意讨老板欢心，那么即使其具有经天纬地之才，也很快便会受到老板的冷落，最后的结局必然是被剥夺权力、驱逐了事。

笔者曾工作过的一家企业的老板好大喜功又事必躬亲，什么事都要插手、什么事都要按自己的意愿做。做出成绩，成绩都算自己的，到处夸夸其谈进行宣传；出了意外或事故，责任则都是经理人和员工的。

由于这个原因，他一连换了好几个经理人，但都无法把业务搞上去。实际上这些经理人客观上成了老板所犯过错的替罪羊，担负的是替老板背黑锅的责任，而不是真正的工作上的责任。

后来，由于业务一直没有起色，在别人的指点、劝说和老板自己的痛定思痛下，他决定改变这一状况。他花重金挖来一位在同行企业做出了非凡业绩的经理人，信誓旦旦地说给予其无限空间，让其放开手脚干。

但是，经理人刚上任不久，老板就对这个经理人产生了意见，觉得他不尊重自己。

主要原因是经理人在实施计划时没有每一步具体细节都请示他是否同意，或者等他签字认可之后再实施。甚至，老板根据自己心血来潮或一时的喜好提出大幅度改动计划的要求也被经理人拒绝了。

总之一句话，老板觉得这个经理人"不听话"，或者说：身上没有奴性。

老板身边平时聚集了一批以揣摩老板心态、向老板献媚讨好为专长的"奴才"，因为他们并没有什么工作能力，所以职业经理人雷厉风行的公司改革自然会触及这些人的利益。因此，他们便在老板面前大进谗言。

　　不幸的是，这些"奴才"恰好是老板的心腹、是老板最信任的人，老板对他们言听计从。因此，经理人的权力很快便被削减，结果这个计划还没完全实施，经理人就被老板"踢"出了公司。

　　这个老板的做法可以说是现实中很多老板行为的缩影：开始时渴求人才，人才到位后又对人才不放心、不信任，不给予发挥的空间。不仅如此，还处处设防甚至设卡，从而阻碍自己公司的发展。

　　同时，老板却对自己身边一些明明没什么工作能力、只会讨好自己的"奴才"信任有加。喜欢什么都放手给其去做、什么都对其言听计从，而这种"奴才"，又恰好是人才的冤家对头。

　　结果自然可想而知，打着"尊重人才"旗号请进来的人才，因为没有按照老板的意思做事，在公司改革中触动了老板喜欢的"奴才"们的利益，壮志未酬地成为了权力斗争的牺牲品。

　　因此，业务自然再次被搁下，成为一次虎头蛇尾的工程。公司一次次地延误了发展良机，最后在激烈的竞争中惨遭淘汰。

　　当人才遇到奴才，往往人才无法克敌，而被奴才制胜，老板在其中发挥了重要的作用。不是奴才比人才更"有才"，而是老板用权力的大棒帮奴才占胜了人才。

　　许多著名的、基业长青的企业之所以成功，就是因为和上述老板的做法恰好相反。如美国著名的IBM公司总裁小托马斯·沃森用人的特点就是"用人才不用奴才"。

　　小沃森受其父老沃森影响，非常崇敬和钦佩那些有本事的人。曾经有一位叫雷德·拉莫特的经理面对老沃森敢于毫无顾忌地说出自己的真心话，对小沃森更是经常提出严厉的忠告。虽然忠言逆耳，但小沃森不仅不厌恶他，还很感激他，并由衷地钦佩他、尊敬他。

　　小沃森在回忆录中写道："我总是毫不犹豫地提拔我不喜欢的人。那种讨人喜欢的助手，喜欢与你一道外出钓鱼的好友，则是管理中的陷阱。相反，我总是寻找精明强干、爱挑毛病、语言尖刻、几乎令人生厌的人，因为他们能对你推心置腹。如果你能将这些人安排在你周围工作，耐心听取

他们的意见，那么你能取得的成就将是无限的。"

小沃森是这么说的，也是这么做的。有位部门经理叫伯肯斯托克，是IBM公司第二把手柯克的好友。当时，柯克是小沃森的对头，两人一直合不来。当柯克去世后，伯肯斯托克认为小沃森会收拾自己，因此他故意多次找小沃森的茬儿希望被解雇。然而，小沃森认为伯肯斯托克是个难得的人才，不仅不解雇他，还尽力挽留他。

事后证明，留下伯肯斯托克对IBM公司起了至关重要的作用。正是由于他和小沃森的携手努力，才使IBM免遭灭顶之灾，并走上更辉煌的成功之路。

小沃森在他的回忆录中写了这样一句话："在柯克去世后挽留伯肯斯托克，是我有生以来所采取的最出色的行动之一。"

小沃森非常不喜欢他父亲周围那些逢迎拍马、趋炎附势的人。

他说，从我当推销员那时候起，我就很清楚谁对父亲的话唯命是从。有的人对他的每一句话都趋之若鹜，好像他是上帝似的。对这种人，我一有机会就整治他们一下，决不手软。

小沃森不愿与一个屈服于权威、不能理直气壮捍卫自己观点的人共事，认为这样的人不应该留在公司。

他讨厌唯命是从的人，认为这种人多的是奴性，缺的是人性，更缺的是独立人格、个人主见、自我尊严。这种人不是一无所能，就是别有用心，至少不是一个具有正直品格的人。

对于这类人，小沃森不但不委以重任，更不屑与之为伍。可见，小沃森用人重本事更重人品，用的是人才，而不是奴才。

小沃森的做法非常值得企业界效仿、学习。这是因为，既然是人才，就不会或不愿意在老板面前奴颜婢膝、低三下四。因为他们有才华、有能力，也有坚定的信念。

他们坚信自己是通过工作创造来养活自己、获得发展，而不是通过讨好老板、在老板面前出卖人格、尊严来卑微地活着。

尤其是有些时候，不管老板的出发点多么好，但事实上老板的意见对工作产生不了什么益处。这时，迁就老板的意见对工作甚至会产生害处。

人才都会坦诚地对老板提出自己的意见，如果老板因此不喜欢他们，那么这个老板无疑是个昏君。

而奴才则不同，奴才是通过讨好老板来获得生存的机会，而不是通过工作的成就。甚至在很大程度上来说，他们除了会讨好老板，并不具备别的能力。

因此，他们在老板面前变着花样地表现自己的乖巧、摇尾乞怜，也就不难理解了。难怪小沃森会把他们形容为"管理中的陷阱"。

可惜的是，在我们的身边，像小沃森这样对"管理中的陷阱"怀有警惕之心的老板少之又少，更多的是专拣好听的话听、专找"陷阱"跳的糊涂老板。

所以，聪明的老板应该分清公司里谁是人才、谁是奴才，更应该学习小沃森和刘小波的用人之道：用有德的、勇于坚持自己观点的人才；不用无德的、只知看老板脸色行事的奴才！

这是因为，人才即使不讨你喜欢，但却以工作为第一要务，能为你的事业插上腾飞的翅膀；奴才虽然能讨你喜欢，但毫无疑问，他们在工作方面毫无建树，甚至会使你的事业陷入低谷，甚至一败涂地。

作为一个老板应该仔细想一想，用一个不拍自己马屁但却认真工作、有德有才的人，带动大家的工作积极性，和起用一个虽然会讨好自己，但却无才无德、令所有员工都反感，因而造成工作停滞的"马屁精"相比，哪个来得更值得些呢？

提拔是一门艺术

在唐僧的苦苦哀求下，沙僧和白龙马终于动摇了，他们劝孙悟空："大师兄，留下看师父怎么处理吧！要是他撤了八戒的职，我们推选你当领导，带领大伙齐心协力跟妖怪作斗争！"

孙悟空："俺只是看不惯八戒，才不稀罕当领导呢！唐老倌儿他要是不好好处理这事的话，说啥俺也不跟着他干了！这样的老板太让人心寒了！"

"大师兄你放心，不怕师父说咱们拉帮结伙。这次他要是不撤掉二师兄，俺们也不答应，集体跟他辞职！"沙僧义气地拍着胸脯说。

"是啊，撤掉二师兄不算，还要把大师兄放到那个位子上才行。跟着大师兄干，咱心里舒坦，也有长进；跟着那猪头，心里窝火又没前途，有啥意思？"白龙马也发表了自己的意见，"师父也真是的，明明知道谁都比二师兄踏实能干，却偏偏重用二师兄，不是明摆着用屁股指挥脑袋吗？"

这时，里屋传来唐僧叫孙悟空的声音，悟空向他们挥挥手进去了，留下白龙马和沙僧继续交谈。

"是啊，他既然连二师兄都能用，那用大师兄肯定没问题！"沙僧觉得白龙马的意见不错，"大师兄有能力，遇到妖怪他身先士卒，奋不顾身，我们都服他；他又和我们保持不错的同事关系，人缘也好，师父有什么理由不用他呢？"

"要不，我们联名向师父推荐，让他撤了二师兄，换大师兄当主管吧！"白龙马提议道。

沙僧比较稳重，想了想说："其实，哪里用得着我们推荐呢？师父自己也应该认识到，像大师兄这样的好员工到哪里去找啊？如果他实在认识不到，我们再提醒他也不迟！"

"嗯，有道理，师父叫大师兄进去，一定是谈这事去了！"白龙马很开心，"这下再也不用受那猪头的鸟气了，跟着大师兄干才有奔头儿嘛！"

过了一会儿，孙悟空从里面走出来，沙僧被叫了进去。

唐僧向沙僧了解了孙悟空与猪八戒动手的原因，又把白龙马叫了进去。

白龙马进去之后，唐僧问了同样的问题。

白龙马说自己当时不在现场，因此无法准确描述当时的情形。但是他自己可以确定无误地说，猪八戒不适合当这个主管，除了监督别人之外，他自己什么都不干；而且别人干得再多，他也不会肯定人家的成绩，只会不顾实际情况一味要求更多。因此，大家都很反感他，希望师父能从大局考虑，撤掉猪八戒，换大师兄当主管。

唐僧听后说："知道了，为师自有分寸，你先出去吧！"

第二天，唐僧宣布，鉴于猪八戒不适合这个岗位，因此撤掉猪八戒的主管职位。

听到这个消息，沙僧、白龙马都很高兴，之后他们又兴奋地等着唐僧宣布对孙悟空的任命。

但是，唐僧宣布完对猪八戒的撤职决定之后，只是提出希望大家以后团结一致、共同努力，却根本没有提升孙悟空的意思。

这让沙僧和白龙马很失望。散会后，他们找到孙悟空发牢骚。

"这个唐老倌儿，只是撤了猪头，没有升你的官，我们觉得太不公平了！"沙僧说。

"是啊，这至少说明在他心目中，二师兄还是有当领导的潜质的，大师兄则没有。事实上，他完全弄错了。"白龙马附和着，"二师兄当领导，把我们弄得都没有心思工作，这样的人怎么能当领导呢？"

"二位师弟，没关系，反正我也不想当什么官，还是干自己的活、吃自己的饭，当我的闲云野鹤舒服！"

"大师兄，虽然这样说，可我们为你鸣不平啊！你当领导的话，一方面能处理好与我们的关系，不像猪头，是完全站在与我们对立的角度；另一方面，你不会像猪头那样不干活，你仍然会干好自己的工作，身先士卒为

我们树立榜样，这样我们也会干得更开心，不用你监督都会努力工作的！"

"哈哈，唐老倌儿可不这么想，他虽然撤了猪头的职，你没听他还是肯定了猪头一大通吗？什么八戒乖巧伶俐、尊重领导……"

沙僧打断他的话，说："说一千道一万，唐老倌儿是不肯承认自己用错了人。明知道二师兄自从当了领导，仗着手中有权，大师兄也奈何他不得，所以啥都不干，这样的领导能起啥作用？唐老倌儿如果承认这一点，那不是等于承认自己瞎了眼、用错了人吗？所以，他死都不会承认这一点的！"

白龙马也附和道："对啊，他撤了二师兄，就等于告诉我们他用错人了。还死要面子，一味肯定二师兄的优点，他有啥优点？唐老倌儿还要求我们团结一致、共同努力，我们服谁才能跟谁团结一致嘛，至少，大师兄比二师兄有凝聚力……"

这一夜，他们三个谁都没写工作汇报，也没制订工作计划，而是聚在灯下，发了一夜牢骚，骂了一夜唐僧。

第二天一早，揉着惺忪的睡眼，他们又挑着行李上路了……

【点评】................

领导者应该怎样选择中层

不少老板都认为只有对自己言听计从的人才适合当领导，因此，他们重用的往往是只会围着自己溜须拍马的人。这些人除了会迎合上司外，就只会压榨下属，至于工作则根本别指望他们染指。

另一方面，他们也并不具备多大的工作能力，有些甚至完全不具备工作能力。他们最大的"能力"就是讨老板欢心，成为老板眼前的弄臣或红人，就像唐僧面前的猪八戒一样。

任命这样的人当领导，是老板的失误，他们不仅不能激发起员工的工作积极性，还会在一定程度上打击员工的工作热情。

虽然有所谓的"对老板的忠心"，但光凭借所谓的忠心是不能完成工作，更不可能成就事业的，甚至会激起众怒，引发员工的集体反抗。

在笔者十几年的职业生涯中，曾经不止在一家公司遇到过这样的人，他们最明显的特征和最大的本领就是欺上瞒下。

比如在一家公司工作时，老板本身已经够苛刻了：加班不给加班费，而且不准"等量补休"。当然，如果实在加得晚了，第二天可以相对迟到一会儿。

比如，加三个小时的班，提前办好"申请加班手续"（加班前先填写好加班申请单，请组长、主管、经理等人层层签字认可），第二天可以晚来一小时。如果没有提前办好手续，即使通宵加班，第二天迟到也要扣钱。

后来这个老板任命了一个姓赖的经理，此人确实是把"赖"字发挥到了极致。因为他在老板规定的基础上，重新对部门员工提出新要求：加班三个小时，提前办好手续，第二天可以晚来半小时，超过半小时迟到一分钟扣20元……

当然，他本人是从不加班的。有一次有几个新来的员工不知道情况，没能及时在他下班前请他签字办"加班手续"，结果加班到半夜，第二天早上因为晚来了一个小时，就被他要求按规定扣钱。

按规定算下来，要扣的数目相对员工的工资是一大笔钱。新员工当然不服气，便当场顶了几句嘴，这下惹火了他，非要把这个员工开除掉。他找到老板说这个几新员工不服管教，老板仅凭他的一面之词，便立即作出了决定：开除！

这下，不仅新员工不服，其他员工也看不过去了。大家早就对这个经理充满了怨气，看他如此欺负新员工都很生气，于是大家集体"起义"，有人当场要揍他，有人义愤填膺地去找老板，要求把他撤掉。如果不撤，大家就集体辞职。

本来老板很偏袒他，如果是一两个人去反映情况，他根本不会在意。但这次是触犯了众怒，老板才不得不装模作样地逐一了解情况，虽然很想继续偏袒，仍然让他担任经理，但他几乎所有人都反对，所以才不得不撤了这个经理。

但是撤是撤了，经理这个位子却一直空着。老板自称没有合适的人选，也为了避免再出现类似的事情，所以宁缺勿滥，先空着吧。由此可

见，在他心中的管理人选，就是这种无德之人。他所谓的"宁缺毋滥"恰恰说反了，事实上应该是"非滥宁缺"。在没有"滥"人选的情况下，就宁愿空着这个职位。

巧合的是，不久，他的公司又出现了另一个逼反全部门员工的经理。这个更离谱，据"造反"的员工讲，这个经理除了使用类似赖经理的那些手段以外，还经常拉着员工出去吃饭，让手下的员工轮流做东，而他自己从不买单，甚至连自己去娱乐场所的花费都要手下员工为他支付……

由于那个逼反全部门的赖经理被撤后，经理职位一直空着，现在又出了这样的一个经理，于是顺理成章地，老板把两个经理对换了一下位置，仍然各自都做经理。

这两个经理换了部门后，立刻吸取以前的教训，开始收敛了，不敢再犯众怒、逼手下造反了。此时他们开始刻意拉拢人，但是因为其意不诚，反而让人反感。因此，仍然没有人把他们当朋友，除了工作上不得不进行的接触，平时没有人愿意和他们多说哪怕一句话，连见面打招呼的起码礼节都免了。

有种说法："你喜欢什么样的人，就证明你是什么类型的人。"从这点上分析，笔者遇到的那个老板喜欢的就是这种无德小人，重用的也是这种人，因此从客观上来说，他自己也是这种类型的人。由此可见，他自己也经常逼反员工，实际上也确实如此。不过和部门经理不同的是，不可能公司所有员工集体抗议要撤了他，他毕竟是老板。

但是，被他逼走的优秀员工却逐日增多。虽然他可以从人才市场招聘新人来补充，但"铁打的营盘流水的兵"，新人进来干不多久，就又有人弃他而去。

因此，他的公司几乎每个月都要招人，有段时间甚至每周都招人。不明内情的人还以为是公司业务太好、发展太快，导致需要大量人才呢！

不过，这种靠临时招人来补充的方式毕竟支撑不了公司的发展。后来，随着一些优秀人才的流失，业务也开始大量流失，没过多久，这个公司就到了苟延残喘的程度。

"水能载舟，亦能覆舟"，这是大家都明白的道理。

但是，类似笔者遇到的这些老板，偏偏不明白这个浅显的道理，他指派那种无德的人当经理，当对下属的压迫超过一定限度，下属无法或者不愿承受的时候，"反抗"自然就成了必然的事情。

如此，其既没能起到良好的模范带头作用，更没有促进大家的工作积极性，最终影响的还是老板的利益。

当类似的事情发生，作为老板，绝不仅仅是革除其职位便可以视作完全解决了问题，而应该顺势从员工中选拔出有德有才又有威信的人才。一般而言，这方面人才的识别并不困难：带头反映问题，大家又一致跟随者，一定是最合适的人才。

就像故事中的孙悟空，他就是最好的管理人选。

但是，唐僧却因为不喜欢孙悟空的个性，所以即使撤了猪八戒，也不任用他。殊不知，孙悟空之所以有个性，正是因为他有才能！

而猪八戒没有个性，在唐僧面前一味讨好，正是因为他除此之外，没有其他能够吸引唐僧眼光的能力。

如果唐僧任用了孙悟空，不要说是沙僧、白龙马会对他心服口服地追随，就连猪八戒也会不得不追随他。如此一来，何愁团队不成铁板一块，凝聚力大增呢？

所以，唐僧堪称是不识才的老板典型。遗憾的是，现实生活中并不乏这种类型的老板！

有一篇剖析"老板口头爱人才实际却用庸才心理"的文章引用过下面的故事：

齐桓公曾问郭国的百姓："郭国为何灭亡？"

百姓回答道："我们的国君喜欢善良的人而讨厌邪恶的人。"

齐桓公说："那你们的国君应该是贤明的君主了，为什么还会亡国呢？"

百姓回答道："我们的国君喜欢善良的人但不能重用他们，讨厌邪恶的人而不能远离他们，怎么能不亡国呢？"

今天的一些企业老板又如何呢？

哪一个老板不是信誓旦旦地说"重视人才"、"人才是第一生产力"，而又有多少老板真正做到了重用人才呢？

哪一个老板不是拍着胸脯说"决不用无耻奴才、庸才，因为奴才、庸才是管理的一剂慢性毒药"，而老板身边又有几个是真正的人才、有几个不是庸才？

这与郭国的国君"善善而不能用，恶恶而不能去"何其相似！其中的原因是什么呢？难道企业老板傻吗？非也。企业老板多是精明人。

之所以会这样，原因大抵如下：

1．某些老板有着很强的虚荣心，而真正的人才很少能满足他们的虚荣心理。他们对老板往往有着过高的期望，总期望老板提高、提高、再提高。

因此，老板如果不是真正有开阔胸怀和成就大事业之心的企业家，往往会对这些人才敬而远之，认为其"只会做事，不会做人"。

换言之，就是认为他们只适合做具体的工作，却不具备领导能力，因为他们不会和上级拉关系；却不去想会和上级拉关系的员工往往"只会做人，不会做事"！

2．真正的人才往往在某些方面才能过人，老板在这方面明显不如他们。因此，如果重用了他们，在老板的下达了不正确命令的情况下，他们往往会根据实际情况作出自己的判断，从而导致"将在外君令有所不受"的情况，拂了老板的面子，于是老板干脆重用对自己言听计从的人。

这是因为，在任何时候，这种老板都不会认为自己的观点有错误。因此，他们喜欢看到员工无条件执行自己的命令，而不会愿意看到有人在逆自己命令行事，或者压下自己的命令不去执行。

至于执行了自己命令会出现什么样的结果则是后话，这种老板在现阶段不会也不愿意去考虑，其只考虑现阶段员工是否听自己的话，是否在执行自己的命令。

3．真正的人才自尊心极强，且具有较强的个性，所以不会在老板面前低三下四，更无法满足老板"臣服一切"的情感需求，而老板的这种需求在奴才、庸才那里很容易得到满足。

就像古代的皇帝习惯了臣民们以"奴才"自居，见面就打拱作揖、下跪请安。如果有人敢在皇帝面前企图站着或坐着与他平等相对，哪怕这个人有天大的才能、观点正确得不能再正确，也都会被其愤而杀头一样。

而现实中，当老板对阿谀奉承产生了依赖之后，阿谀奉承者便对老板有了相当大的影响力。他们擅于揣摩老板心理，知道如何说话老板更喜欢听，所以到了最后，往往会变成他们说什么老板都认为正确，甚至毫不犹豫地按他们的意思去下达命令。

　　这个阶段的老板虽然名义上还是他们的老板，但事实上已经成了他们的传声筒，在一定程度上沦落成了他们的奴隶。

　　这种企业老板就是这样一步步地进入自己设置的陷阱中的，最终不能自拨。

　　就像笔者刚才提到的那个老板手下逼员工造反的两位经理一样，他们之所以讨得老板的欢心，凭的并不是自己的工作能力，而只是溜须拍马的本事，说穿了他们只是个没有人格的奴才而已。

　　但是，老板却对他们青睐有加，即使事实证明他们领导不了员工，把他们撤职以后宁愿空着职位也不任用他人。而老板喜欢、重用这样的人，不过证明自己是个没有识人能力的糊涂虫罢了。

　　他重用的这种经理把员工逼反，则证明他们不仅没有对公司发展起到好的作用，还起到了阻碍公司发展的坏作用。

　　作为老板，弄混了人才和庸才的概念不要紧，用错了人才和庸才也没关系，但是，如果在弄清了谁是人才谁是庸才以后，仍然任用庸才，对人才视而不见，那么，这个老板无疑是一个"善善而不能用，恶恶而不能去"的糊涂虫。

拾伍

重视效率

被撤职以后，猪八戒变得沉默了许多。作为团队里最不受欢迎的人，以往大家虽然讨厌他，但至少他还是个领导，与别人谈工作、催汇报，别人还无法不理他。

但是现在，他已没有了这方面的权力，和大家一样成了普通一员，不主动和别人打招呼的话，一整天没人和他说一句话都是正常的事情。

孙悟空挥着棒子在前头开路，不屑理他；沙和尚挑着担子，不想理他；白龙马低头赶路，不愿理他；唐僧骑在马上，只顾观赏沿途风景，没留意到下面微妙的情景，因此也没有顾得上理他……

最令猪八戒郁闷的是，大家虽然都不理自己，但是他们三个之间却有说有笑、嘻嘻哈哈；而师父这老贼秃，只顾着想自己的取经大业，想到西天取经成功后，回来有多少美眉对自己抛媚眼，心中根本没有想过他。

这不明摆着自己被孤立起来了？俺老猪总得想个法子，扭转这种现状，至少也要让唐老倌儿知道俺是忠心耿耿卖命干活的，这样才能保住这份工作啊，不然的话，以后还怎么在这里面混啊！

正想着，前面突然出现了三个妖怪，大叫着要送唐僧上西天。

唐僧很高兴，双手合十道："阿弥陀佛！贫僧何德何能，已经收了三个徒弟，难道现在还要再收三个不成？"

"师父，省省吧。如来佛只给你三个编制，再收就超编了！"孙悟空搔了一下猴头，说："你先搞明白，人家送你上西天，可不是像我们这样送！"

"是吗？那怎样送啊，是开摩托车送吗？为师骑惯了白马，不习惯坐摩托车呀！"

"你真是啰唆！告诉你，俺兄弟是要吃了你，直接送你上西天去见如来佛祖！"大妖说。

唐僧一听腿肚子立刻软了，他自言自语说："贫僧的肉确实好吃，这个我很清楚。但是，贫僧还要去西天取经，你如果把贫僧的肉给吃了，最后只能剩一副骨头架子到西天取经，如此的话如来佛祖会骂我没诚意的！"

妖怪说："咋没诚意？去西天反正要死。晚死不如早死，早死早投胎！"

"好死不如赖活着嘛！"唐僧说，"最主要的是，我还想取经以后领略一下被热情的美眉、似火的粉丝们欢呼包围的美妙滋味。你们把我弄得只剩一副骨头架子，哪个美眉还敢对我欢呼、哪些粉丝还敢包围我啊？所以贫僧不能答应让你们吃俺的肉！"

"少废话，看打！"三个妖怪提着刀就冲了上来。

孙悟空、沙僧立即抽出家伙，乒乒乓乓地和大妖、二妖打了起来。

猪八戒站在唐僧身边，眼看着三妖冲了过来，也抽出钉耙，拦住三妖的去路。

一交上手，猪八戒便发觉这妖怪本来应该给沙僧收拾的，由于沙僧心急，拦住了二妖，所以把这个没什么本事的三妖留给了自己。他知道，自己完全有能力三耙两耙打死他。

但是，猪八戒想如果这么快就完成工作，岂不是错过了表现自己卖命工作的机会？因此他灵机一动，边打边说："妖怪，有种跟你猪爷爷走一遭吗？"

三妖不是猪八戒对手，自然不愿走远，便说："走什么走，就在这里打！打不过你我让俺大哥来帮忙！"

猪八戒却不干，用耙子把三妖逼到了一个僻静的地方，三妖一路大呼小叫，要大妖来帮他。奈何大妖和孙悟空斗得正酣，根本脱不开身，只好任由他被猪八戒挟持而去。

猪八戒把三妖逼到了山脚下，放下耙子说："呔，妖怪！你根本不是爷爷的对手，不过爷爷不杀你，倒想让你帮爷爷个忙！"

"帮什么忙？"妖怪意识到自己不是对手，乐得送个顺水人情。

"我们在这里睡上一觉，等天黑了再起来打回去，让我师父以为我一直在努力工作，如何？"

"你和我想到一块儿去了，我也正有此意！"

"何故？"

"唉，我那个老大一直看不起我，总说我干活不认真，而且每次打劫都是三下两下就被人家打败，显不出我们为妖的威风。我一直琢磨怎么挽回这个局面，让老大对我刮目相看呢！"

"那好，我们就这么说定了啊！"

猪八戒把钉耙一扔，说："先睡会儿，睡醒了再打回去。哎，记得啊，回去后就说我们打得不分胜负、难解难分！"

"好的，没问题。不就是既偷了懒，回头还让老板以为我们在加班吗？这事儿我常干！"

天黑了，孙悟空、沙僧经过一天的浴血奋战，终于把大妖、二妖打跑了，刚想停下来歇一歇，猪八戒和三妖大呼小叫着回来了。

"好你个妖怪，吃你爷爷一耙！"

"丑猪，你真打啊，老子跟你拼了！"一猪一妖边打边叫，热火朝天。

唐僧看了大受感动："悟空、沙僧，你们看。猪八戒尚能缠住三妖和他拼命，你们两个却放妖怪跑了。"

"师父，你看不出来吗，他们是假打！"孙悟空说，"你看，八戒的耙子抡起无力、落下乏劲，这是和妖怪合伙玩障眼法呢！"

"是啊师父，二师兄要是愿意啊，一耙子就能打死他，可是他偏偏这样拖延，绝对有蹊跷啊！"沙僧抹着额头上的血迹说，"我斗的妖怪才是如来佛祖分给二师兄的！"

"你们两个啊，偷懒就偷懒吧，还怪人家猪八戒不用心。看，八戒和妖怪从上午打到现在，你们都收工了，他还缠着妖怪不让走，说明他才是最用心的！"

"师父你说这话就不对了，我和沙僧哪个不用心啊？要是我们不用心，你早就被妖怪掳走了！"孙悟空气不过说。

唐僧不悦："你这猴头，既然用心怎么让妖怪逃走了呢？八戒不用心，却能留住妖怪斗到现在！由此可见，最忠心的还是猪八戒！"

"师父啊，既然他最忠心，我们就不管了啊，让他自己表演吧。我敢打赌，他是在玩你。如果我们不出手，他能和妖怪斗到明天天亮！"

"玩我？不会吧，我又不给他加班费，他犯得着浪费时间吗？"唐僧有点不相信，思忖道："要是真能和妖怪打到天亮，那八戒的功夫有长进了啊。嗯，让他加班吧，我倒要看看，八戒是如何完成这项工作的。"

想到这，唐僧用手在嘴前围成一个喇叭："八戒，加油啊，师父等着你的好消息呢！"

【点评】

经常加班的未必就是好员工

下面是有着"成熟男士的读者文摘"之称的《特别关注》杂志转载《城市快报》的一篇文章：

在澳大利亚，你正工作着，说不定有人就会告诉你：你已经上了公司的"黑名单"了！

这种"黑名单"是说你没有按规定休假，这时，公司的老板就会找你去认真谈话，要求你去尽你应尽的"职责"。

除了双休日，澳大利亚的公共假期一般是12～14天，年假4周不等，另外还有18天的特殊需要假期(病事假等)。企业老板总会让人将各个雇员的休假情况在电脑中统计出来。如果你逾期没休假，你的名字就会从电脑系统中自动弹出，这就是"黑名单"的来由。

如果被列入了"黑名单"，你还是不想休假，雇主是不会放过你的。其实这并非政府对企业老板有什么强制性的约束，而是在澳大利亚人们非常重视工作与生活的平衡，原因是他们在通过多年的研究后得出结论：不休假的人工作能力会下降，而且对工作容易感到厌倦，因此在工作中也就容易出差错。

在老板找你谈话以后，如果你还不能明白，他就会直截了当地对你说："要你休假不仅仅是为了你，更是为了我，为了整个公司。"当然，他

潜藏着的还有一句话，就是："你倘若不会休息，那么你也一定是一个不会工作的人。"

总之，在澳大利亚，你不休假，无疑是在往自己脸上抹黑，让人瞧不起。

而在我们的现实生活中，却有相当一部分老板不愿意看到员工有片刻空闲，甚至还希望员工无条件无限时地加班。

不仅如此，他们还用各种冠冕堂皇的理由告诉员工，你是为自己加班！以此达到连加班费都不付的目的。

比如前面提到的那个希望员工自愿加班到"末班车发车时间"的老板就是这样一个典型的例子。如果说，这个老板在社会上没有什么名气，属于无名鼠辈，因此说明不了什么，那么，我举个知名企业的例子，也许更能说明问题。

顺驰是没有天花板的"夜总会"

另一家在2003年因为扬言要超越地产龙头企业万科而一度扬名海内外、被称为"房地产界黑马"的企业顺驰，虽然2006年便被香港路劲基建集团收购，目前可以说是不存在了，但是在其成立至消亡短短十来年的时间里，从一家默默无闻的小公司发展成了挑战地产龙头企业、欲做中国地产龙头大哥的企业，引起过广泛的关注。

而这家企业最显著也是在社会上最具知名度的一个特色竟然与一个不光彩的名称挂着钩，那就是"夜总会"。顺驰因为经常召集员工工作、开会到深夜，而被形象地冠以"夜总会"的别称！

而这，竟然也成了顺驰"骄傲的资本"。在一篇《员工热爱的"夜总会"》的新闻报道中这样写道：

每个月顺驰都会组织全国各分公司间的交流会，以期用各地优秀员工的成长经历带动所有顺驰人的快速成长。丁毅(当时顺驰的总经理助理)笑言顺驰曾经因为公司会议过多、过长，被外人戏称为"夜总会"，可是他人不知顺驰人的确发自内心地喜欢参加"夜总会"。因为交流意味着学习，学习带来了进步，而进步的前面，是顺驰提供的"无天花板"式的职业发展空间。

只是，这种员工"发自内心喜欢的'夜总会'"，为何这么快便经营不下去，成了其他公司的囊中之物？企业自身都碰到"天花板"然后跌到"地板"

上了，何谈为员工提供"无天花板"式的职业发展空间？

因此，以看到当年的顺驰人甚至喊出过类似"年轻人，如果你想早点成熟，来顺驰吧；如果你想快点减肥，也来顺驰吧"之类的口号时，笔者感觉真是天大的笑话。从这些广告的背后我们完全可以看出，事实上它是在告诉大家：进入这样的公司，你就别想过上正常人的生活！

当然，社会上确实有一些工作狂型的人，愿意承受这种非人的"折磨"，认为通过这样的"折磨"能提高自己的能力、使自己更有前途！

我们不能否认，能承受过人压力的人往往也能做出一般人做不出的成就！

但是，如果一个公司仅仅号召大家来承受这样的压力，却不给予和这种压力相对应的报酬，这就明显是在忽悠人了。如果老板既让员工承受了过多的压力，最终又不仅没有为员工提供发展空间，反而连公司都黯然消失了，那么谁还有理由指责员工不努力、执行力不够呢？

当然，笔者这样说，并不是认为顺驰被收购是由员工加班导致的，更不是认为如果员工不加班，顺驰就不会被收购。我只是觉得，既然员工拼命努力、加班，加到为公司赢回"夜总会"的绰号都没有能使公司做大、做强，更没能改变它破灭的命运，那么，这一切只能说明公司经营得好坏，责任并不在员工身上（至少大部分责任不在员工身上），而一些老板一味单方面指责员工不努力、不勤奋、不执行，是非常无理甚至无耻的。

因此，以往那些号召大家"只要你努力工作，就能获得发展、就能当老板"的老板，更应该重新审视一下，难道真的只要付出努力，就一定能成功吗？

顺驰这间"夜总会"里的员工够努力了吧？可他们如此努力，换来的结果同样是企业的轰然倒下，继而自己失业的命运！

那篇报道的结尾这样写道："在房地产这个年轻的行业里，年轻的顺驰和年轻的顺驰人正在开拓。"今天来看这样的报道，会觉得它就是一个具有讽刺意味的冷笑话。

可在当初，它曾经激起多少向往顺驰的年轻人内心的激情，又使多少年轻人对顺驰心驰神往、奋不顾身想要加入"夜总会"啊！

就连笔者认识的那个房地产策划公司的老板，也在顺驰因为挑战万科而声名鹊起、如日中天的时候，激动得心潮澎湃。他多次在公司中宣称：

中国的房地产企业中，最有前途的是顺驰，因为它能让员工自愿成为"夜总会"会员；在顺驰工作过的人，也最有前途，因为他们经受过"夜总会"的磨炼，将来去别的公司，肯定更能胜任！

因此，他号召他的员工也都向顺驰的员工学习，要求人人争当"夜总会"会员。但许多人还是不愿如此去做，所以为了实现这一目的，这个老板就开始故意在下班前的五分钟内召集大家开会，散会时布置一批紧急任务，要求大家明天一早出成果——一方面尽最大限度让大家在上班时间内干活，另一方面又尽最大可能让大家多加班。

当时笔者对他的这些看法和做法颇不以为然，无独有偶的是，笔者为写这部书稿，在查阅隆生企业内刊的时候，发现惠州隆生企业董事长刘小波也对顺驰并不看好。

早在顺驰红透半边天的时候，刘小波就在2004年10月份出版的第17期隆生内刊公开发表文章质疑顺驰老总孙宏斌："也许，大家都在拭目以待，但明年或者后年，在这样的场合里，他是否还会这样牛气冲天？"

当隆生内刊的编辑与他沟通讨论此文的时候，刘小波直截了当地说："我是很不看好孙宏斌的，他根本就不具备一个企业领导人的素质，充其量是一个狂热的冒险者、一个赌徒、一个不知天高地厚却偶然中彩的人，所以他一定不会成功。"

果然，不幸被刘小波言中，仅仅过了两年顺驰就轰然倒下了。

而顺驰这间"夜总会"里的那些会员，也没有听说有哪个或哪几个去了别的公司之后就成为擎天玉柱、挑起大梁，使公司和个人都得到较好发展的。

而那个照搬顺驰"夜总会"经验的老板，也没有从那些经验中得到好处。除了从忍气吞声留下来的员工身上多占用了一点下班后的时间，他并没有收获到什么。

而多占用这部分员工的时间，却是以逼走了一批不愿承受这种无理盘剥的优秀员工为代价的。

回过头来，单纯地说加班这件事，正常情况下，真正优秀的员工并不是无休止加班的员工，而是保质保量并按时完成工作任务的人。

由于个人的能力、工作效率、工作心态等等的不同，导致真正优秀的员工完成工作任务的时间与个别企图通过加班获取老板好感而刻意消磨时间者差异巨大。

因此，如果老板只是简单地把员工每天加班当做衡量员工的标准，那么，势必会造成对按时完成工作者的不公平，使一些别有用心、有着文中猪八戒心态的员工有空子可钻。

更何况，就像澳大利亚的企业老板们认为的那样——不懂休息的人，也是不会工作的人，身体是革命的本钱，无休无止地加班，把身体搞垮了，如何能够做好工作？

因此，作为一个老板，应该提倡的是让员工保质保量按时完成工作任务，而不是大力提倡为公司加班、加义务班。

如果非要这样做，抛开违反劳动法的因素不谈，更有可能造成员工明明可以按时完成的工作故意拖延到加班时间完成，不仅浪费员工的时间和精力，也浪费了公司宝贵的资源。

聪明的老板自然不会像本文提到的那个照搬顺驰经验的老板，被加班者的假象所迷惑，甚至故意经常在下班前开会布置新任务来让员工被动地接受加班的事实。

因为这样不仅会影响自己的事业，更会使真正努力工作的员工备受打击，造成员工之间的不公平竞争，严重者甚至会使员工身体发生意外，既影响员工的家庭和生活，又使企业担上责任。

如果老板能像这篇文章开头提到的澳大利亚的企业老板一样，号召员工不加班，甚至发现加班就让其上"黑名单"，我想，这样的企业会更有吸引力和凝聚力，也更有前途，更有发展！

领导不能和稀泥

这天，猪八戒和孙悟空、沙僧发生了很激烈的争执。

猪八戒说前一天晚上孙悟空偷拍自己洗澡，并刻录成光碟，所以自己的隐私有泄露的危险。

孙悟空则对天发誓说自己根本没干这事。

为这事，两个人在路边激烈地争吵起来，甚至要动手打架。

沙僧在旁边相劝："二师兄，我敢保证大师兄没偷看你洗澡，当时他和我在一起呢！"

"和你在一起就能证明他没拍啊？我还说是你们一起拍的呢！"

说着，猪八戒就去翻沙僧挑的行李："让我检查一下里面有没有光碟！"

"光什么碟啊，以为你是嫦娥吗？"沙僧说，"嫦娥洗澡也不值得我们去偷拍，更何况你了！"

"我咋啦？我洗澡被偷拍了，难道争取一下合法权益还不行啊？"猪八戒不干了，"不让我搜，就说明你做贼心虚！"

"我心虚？"沙僧捂着包袱说，"想搜查，你就得出示搜查证！"

"就是，行李是四个人的，岂是你想搜就搜的？"孙悟空说，"我还告诉你，别说行李里没有光碟，就是有，我们不让你搜你也没辙！"

"没辙？我还不信了，今天这行李我非搜不可！"

唐僧骑着马，哼着歌早就走出老远了，突然听到身后乱成一团，便回过头来看。这时猪八戒赶忙扯着嗓子喊："师父啊，他们打人啦！"

唐僧不禁大为奇怪，调转马头问道："悟空、悟净，悟能又不是妖怪，你们干吗要打他？"

"拜托你说话前先调查一下情况！"孙悟空说，"谁打他啦？是他诬告我们！"

唐僧转头对猪八戒说："到底是怎么回事，快告诉为师，好让为师给你做主！"

"师父，我要打开行李，他们不让！"

"咦，这就是你们的不是了！"唐僧责备道，"悟空、悟净，你们为什么不让悟能打开行李？"

"师父，他要打开行李，根本是无理取闹。"沙僧愤愤地说。

"怎么无理取闹了？"唐僧不悦道，"你们三个，总是不好好工作，上班时间玩笑打闹！"

"师父，他诬蔑我们偷拍他洗澡，还说我们刻录成光碟藏在行李里，这么龌龊的念头都能想出来！"孙悟空道，"我们是那样的人、会做那样的事吗？"

"嗯，确实不是！"唐僧道，"你们即使想偷拍也不可能，因为摄像头一直被我随身携带，每天洗澡的时候我都给自己拍一拍，然后躲到被窝里看！"

"师父你变态啊！那样会把摄像头搞坏的。"

"那怕什么，搞坏了猴头自会想办法给我修好。我要关心的是，悟能说你们偷拍了他洗澡的镜头，为师举手发誓，那是不可能的！"

"听到了没？猪头。师父都说了，摄像头在他那里，我们不可能偷拍！"沙僧气鼓鼓地说。

"你们不拍，并不等于你们不看啊！"猪八戒还是不干，"你们看了我的身体，对我也是一种损失啊！"

"我吐，你能不能别让我们这么恶心啊！"唐僧从马上掉了下来，"你看，你把为师恶心得连马都骑不住了。"

"师父，他诬蔑我们偷拍，耽误大家赶路，你说该不该罚？"悟空道。

"就是啊。"白龙马接口道，"对于我来说，不仅耽误赶路，更使得我来回奔波，做了无用功。"

"算啦，大家都是师兄弟，说什么罚不罚的伤和气，依为师看，你们还

是和好算了。"唐僧道。

"师父！"沙僧看不过站出来说道，"二师兄影响大家赶路，还诬蔑我们，你不对他进行处罚，反而要我们与他和好，这算哪门子道理？"

"悟净，你这样就不对了，"唐僧道，"大家一起去西天取经，共同从事一项事业，理应具有团队精神和协同作战精神，哪能为了一点小事伤和气呢？所以呀，为师决定，这事就此打住，谁都不许再提，谁提为师罚谁三天不准大便！"

"师父你这样不公平！"白龙马叫道，"赏罚不分明，以后如何服众？"

唐僧脸上挂不住了："你们几个都是为师的徒弟，为师哪个不用仰仗，哪个不用依靠，哪个不用帮助？如果犯点错就处罚这个、处罚那个，把你们一个个都得罪光了，以后遇到妖魔鬼怪，为师仰仗哪一个，依靠哪一个，又靠哪一个来帮助？"

"师父，怪不得你遇事老是和稀泥。二师兄每次欺负我，你都不哼不哈的，原来是为了这个啊！"沙僧不服道。

就连猪八戒也不干了："师父，今天的事儿你一定要处理，不然的话，我老猪现在就不走了！"

说完，他就蹲在路旁，摆出了一副死猪不怕开水烫的架势……

【点评】.................

明确态度，妥善解决下属之间的分歧

故事中唐僧对待有争端的徒弟的态度，与时下不少老板处理员工之间矛盾的做法有着极大的类似。

在这类老板看来，自己与员工之间是雇佣与被雇佣的关系。请他们来的主要目的是为自己干活创造效益，所以自己对其只负有管理并监督其工作的责任，而没有处理其个人间的矛盾纷争的义务。

因此，遇到员工之间发生了纷争，老板轻则置之不理，任其自由发展，重则对发生矛盾纷争的员工简单地处以"各打五十大板"，甚至同时开除的处分。

毫无疑问，员工与员工之间发生的矛盾纷争，只要不是因为工作关系，表面看来确实与老板的关系不大，甚至可以说是毫无关系。

但是，往根源里看，却远远不是这样。

从一定意义上来说，员工是老板的赚钱机器，他们完成老板下达的工作任务，并通过完成的工作任务为老板赚取利润。因此，不是他们靠老板养活，而是他们养活了老板！

同一部机器里的不同零部件尚难免有出现摩擦导致故障的时候，更何况是活生生的人呢？因此，员工之间发生纷争矛盾是难免的。

很多时候员工之间的矛盾看似与工作无关，事实上却是由工作和利益引起的。比如，两个人争抢同一位客户、做同一笔业务，或者甲使乙的业务没做成，乙把丙的客户得罪了等等。

即使确实是与工作无关的原因引发矛盾，也照样会对工作产生一定的不利影响。

比如笔者的一个朋友，在公司里和一个同事发生了矛盾，两个人互相看不顺眼，本来在工作上应该相互配合，可却因为两个人有了矛盾，别说配合，不互相拆台就算不错了。

甲想让乙完不成工作出丑，乙想让甲耽误工作被老板骂。因此，两个人较着劲地拖延工作，互相使上了绊子。

得知这种情况后，老板没有积极帮助他们解决问题，而是用和稀泥的态度，告诉他们："我不关心你们的私事，我只关心工作。因此，只要你们好好工作就行了，其他的事不要来找我，至于你们之间的矛盾，由你们私底下解决。"

可是，这怎么可能不耽误工作呢？两个见面就恨不得打一架的人，怎么可能会配合默契地工作呢？

虽然在老板的压制下两个人表面上配合了，但面和心不和，明明互相帮助、给对方一个提醒就可以避免的过失，却不仅不提醒，还假装无辜地给对方设陷阱。

结果不用讲，最终工作不仅没有完成，还把客户得罪了，两个人双双受到了开除的处分。

为此，老板非常生气，觉得自己是受害者。

表面上看，老板确实是受害者。但是，老板自己也有过失之处。他最大的过失就是没有用对人，在没有解决两人矛盾的前提下，让两个不该搭档的人成了搭档。而且在发现用错了人之后，又因为嫌麻烦，没有及时调整，从而导致出现这种局面。这其中固然不能排除这两个员工责任感不足的因素，但是更不能否认的是，老板的处理方式上存在着很大的问题。

作为正常人，任何人都愿意与和自己谈得来、有共同语言的人合作，如果换成一个和自己没有共同语言、"话不投机半句多"的人，恐怕没有人会很积极主动地与对方配合，并想方设法共同完成工作。顶多明哲保身地把自己应该做的做好，属于对方职责范围的事情，即使明明是举手之劳，也不愿意帮忙。

由此可见，员工之间发生矛盾、纷争，老板又没有及时处理、解决，会为企业造成许多不必要的损失。

笔者曾工作过的一家影视公司，也因为员工不和而发生过令人啼笑皆非的事情。

那一年，这家公司承办了一个非常有影响力的香港天后级歌星的演唱会，票价三百元至两千元不等。

由于该歌星非常有号召力，所以票卖得不错。但是，在售票的过程中，一个售票点的两名员工本来应该为了防止收到伪钞共同收款、验钞，然后再出票，却因为不和，他们改成了互不搭理，各卖各的。

结果，本来在其他售票窗口排队的一些人，都围到了这个窗口来买票。售票员还挺高兴，觉得自己能多挣点提成，于是，就更加起劲地卖起票来。一会工夫，就卖出了许多张。

直到其他售票窗口的人发现自己摊前冷清、情况异常，而那边却人头攒动、热闹非凡，赶紧过来看发生了什么事，才发现那个售票员根本不验钞，左手接过钱数一数，右手马上递票出去，脸上还挂着可以多拿提成的"胜利者的微笑"。

另一个售票员相对稳重，接过钱验一下，然后再出票，卖得不如前一个快。

赶过来的工作人员发现情况不对，立即叫停了这个销售窗口，然后把钱钞封存带回去检验，结果从中发现了七万余元假币。原来，他们遇到了职业换假钞的组织。

按常理，这种只能有极小成功的假钞换真票，却因为两个员工不和，导致失去防范，演变成了大规模假钞换真票。如果不是其他人员及时发现，损失还将继续扩大。

这件事说明老板没有用对人：他用的售票员中竟然有连辨别假币的意识、能力都不具备的人，这是第一个失误。第二个失误是和他搭档的员工，虽然具有这方面的能力和意识，但是由于二人不和而导致明知道他做错了也不去提醒他。

由于这事明显错在老板喜欢的那个员工，怪不得另一个员工，不可能要求那个员工承担损失，而应该承担损失的员工又是老板的宠臣，再加上无论对他们中的哪一个而言，七万元都是一笔巨款，因此，最终老板只能自己承担了这七万余元的损失。

由此可见，员工之间如果不和，不管是因为工作还是个人原因，都会影响工作，给公司造成损失。

既然员工之间出现的纷争矛盾会影响工作，那么及时发现并化解这些矛盾，对于老板来说就是不容忽视的了，而绝对不是可以视之不理，或者通过打太极、和稀泥的方式来处理的。

道理很简单，打太极、和稀泥，虽然在问题表面上被暂时压制了，但它却没有得到根本的解决。一离开这个可以压制问题的环境或空间，矛盾就会进一步发展、激化，对工作的影响会更加严重甚至恶劣。

这时，就远不是老板打个太极、和个稀泥可以解决的了。因此，面对员工之间的各种纷争矛盾，老板不应该像唐僧这样和稀泥，更不能以与工作无关等各种理由从表面上忽视或压制员工之间的纷争，却不从根本上解开员工的心结，这样做最终受伤害的还会是老板自己的事业！

因此，遇到这种情况，老板应该静下心来，分清谁是谁非，对有过错的一方进行处罚，必要的时候甚至可以开除处理；对于无过错的一方，留下来任用，为其提供发挥的空间。

而不能打打圆场、强行压制下矛盾就了事，以免使矛盾在平息了争端的表面下恶化成脓。

这样，才是最明智的做法！

试用期的意义

话说这一天，孙悟空因为和唐僧吵了几句嘴，唐僧一气之下又把他给开除了。

孙悟空生气之余，把金箍棒弯成鱼钩，来到南海钓鱼，遇到了观音菩萨。

菩萨说："你这猴头，不保护唐僧，跑到我这里干什么？"

孙悟空道："别提了，八戒那呆子污蔑我偷拍他洗澡，唐僧明知道是污蔑，却不管不问，只知和稀泥，让我们私下解决。我们就私下解决了：我找个机会揍了八戒一顿。唐僧骂我，我不服，和他吵了几句，他就把我开除了。"

观音菩萨听说这事后，觉得事态严重，赶紧找唐僧为悟空求情，说没了悟空，唐僧走不到西天，劝他慎重行事。

唐僧听了观音的话之后，思忖了一下，觉得说的是实情，而且观音是自己的领导，不能不给面子。于是，他同意收孙悟空重归门下。

但是，唐僧提出了一个要求，那就是要把孙悟空当成新员工，从试用期开始使用。

观音菩萨听了之后虽感为难，但看唐僧的态度非常坚决，只得去劝悟空接受，毕竟现在找个工作不容易。

孙悟空一听就炸了："什么？试用期？打妖怪俺老孙早就是熟手了，就算帮他收徒弟，也已经收了两个，凭啥要重新试用俺？"

"悟空啊，你的能力天上人间、神人鬼怪都有目共睹，哪个敢怀疑你降

120

妖除魔的本事呢？”

"那他怀疑俺什么？"悟空气鼓鼓地问道。

"你师父这样做，也有他的道理。"观音分析道，"你经常犯错，动不动被逐出师门，你这样的徒弟哪个师父能喜欢啊？以本座来看，你师父是想考验你对取经事业的忠诚度，看你是否真正出自内心地热爱这项事业！"

好说歹说，观音终于说服了悟空重新接受试用，这才辞别师徒四人，回南海享受日光浴去了。

这边，孙悟空正想和往常一样扛着大棒上路，唐僧叫住了他："悟空啊，现在你是新员工了，职位比悟净还低，从今天起，悟净挑的担子给你挑吧！"

"师父，这样不好吧！"沙僧说，"我们都知道大师兄有通天彻地之能，他的长处不在挑担子，而在捉妖怪，这是技术含量高的活儿；俺老沙呢，打妖怪没啥大本事，出个笨力气挑个担子倒还在行，还是俺来挑吧！"

"你要挑就挑吧！"唐僧说："反正从今天起，取消你的挑担津贴。你爱挑不挑。"

"我倒。师父你真毒啊，反正现在有试用期的免费员工是不是啊？"

"不毒我能当老板吗？"唐僧挺得意，"八戒，你把马缰绳也给猴头，让他代你牵马！"

"师父，你不会也取消我的牵马津贴吧！"八戒问。

"不会！"唐僧回答得很干脆，"因为牵马本来就是个轻活，原本便没有津贴！"

"是吗？那我不牵了。"八戒把绳子一扔，"师父，我先走，前头给你开路去！"

孙悟空气得眼冒金星："唐老倌儿，你把俺老孙当啥了，马童吗？太过分了吧！"

"哪里的话，悟空，五百年前你大闹天宫前不是当过弼马温吗？为师不过是发挥你的专长，让你重操旧业罢了。"

"那让俺挑行李呢，咋说？"

"你看，从取经开始到现在，行李一直都是沙僧挑着，他太累了。为师爱护门徒，换个人挑，有饭大家吃、有活大家干不行吗？"

"行，行！"悟空被气得说不出话来，"唐老倌儿，算你狠。你的心比资

本家还黑。"

说完，他伸手从沙僧肩上拿过行李卷，往身上一背，右手把金箍棒变成绣花针，塞进耳朵里，左手拍拍马脖子，捡起马绳，道："走吧兄弟，到前面打尖的地儿，我喂你上好的草料！"

师徒四个不慌不忙地上路了，边走唐僧边盘算："这下又可以省下每天给沙悟净一个馒头的挑担津贴了。"

正走着，前面出现了一座大山，那山竟然名叫"屠僧山"。八戒一看立即腿软了："师父，我们回去吧！你看这座山，叫什么屠僧山，一定是针对我们来的。"

"八戒，怕什么？有你大师兄呢！"唐僧道："观音菩萨说了，他有通天彻地之能，路上不管遇到什么妖怪，他都可以保护我们顺利到达西天！"

说完，对牵着马、背着行李的孙悟空道："悟空，你去看看这座山为什么叫屠僧山，有什么妖怪当道？"

"我不去！"悟空道："我现在是试用期的员工，只干试用期的活儿——牵马、背行李！"

说完，他把行李往地上一扔，一屁股坐了上去："俺倒要看看，你的这些转正了的员工有啥大本事。还是由八戒打头阵、沙师弟殿后，给我个观摩学习的机会吧！"

话刚说完，山里出来两个妖怪，对着他们大喝道："呔，哪里来的和尚，走到俺这屠僧山来，可不是找死吗？"

孙悟空躺在行李上："师父，俺现在是试用期，拿的是马童、行李生的薪水，所以就干马童、行李生的活儿。现在没俺啥事儿，我先休息一会儿，等会儿赶路再叫俺，俺一定把行李挑好、把马牵好，保证不会误您的事儿！"

【点评】..................

通过试用期留下高价值的员工

　　试用期，顾名思义就是老板对新入职员工能力进行检测、试用的时期。只要检测出该员工的能力足以胜任工作，就应该及时给予转正，让其与别的员工享受同等待遇，这样才有利于发挥新员工的工做主观能动性。

　　但是在现实生活中，很多时候试用期却变了味儿，已经不再是对新入职员工能力的检测与试用，而成了一些无良老板冠冕堂皇降低用工成本、剥削员工的手段与法宝。

　　因此，随意延长试用期者有之；以试用期为名不断招聘员工，待试用期过后又将其炒掉者有之；甚至有的老板更通过试用期不付工资等手段，赤裸裸地对员工进行肆意的剥削与掠夺。

　　比如笔者初到社会工作时，进过这样一家公司，按名头也算是大公司，在广东省，甚至全国的同类企业中都是数得着的，许诺的待遇还算可以，相对同行属于中等偏上的水平。

　　然而兢兢业业地做了不少工作，到了发工资的时候，笔者和同时入职的几名新员工却都没有一分钱可领。

　　笔者质疑老板，老板竟然答复说："和你们谈的待遇是转正后的，你们现在都处于试用期，当然没有工资了。不过，转正后的员工凡是工作出了差错，一律扣钱，你们现在没转正，出了差错却不用扣钱！"

　　言下之意，我们不拿工资白干活，出了差错不扣钱，还似乎是占了大便宜。笔者当然不干，决定辞职，并要去劳动局控告他们。

　　由于笔者工作能力不错，部门经理希望留下笔者，所以老板才不情愿地给了笔者一点工资，而其他没胆量去找老板质疑、老老实实地希望老板发善心的员工，则一分钱都没有拿到。

　　不仅如此，三个月的试用期过后，有一个员工仍然没有拿到工资。老板以他工作能力不足为由，说要再试用三个月，这个员工才愤怒地辞职

了。

事实上，即使是在试用期，单位也没有理由一分钱工资都不发。毕竟即使是在试用期的员工，也是需要吃饭、穿衣、住宿，需要坐公交车上下班的，而这些都离不开钱。

即使我国人口众多，老板不愁招不到人，但是如果是个稍微有点良知的老板，怎么会找各种理由要求人家不领工资、举债生活被试用呢？

通常而言，对于新入职员工的试用，在给予试用期工资的前提下，可以说是必要的，这样便于企业了解新员工的能力和工作态度等。

但是有些老板，对于离开公司又回头的人也要试用，这就明显不是为了考察其工作能力，而是打着试用期之名，行降低用人成本之实了。

比如笔者认识的一位老板，他手下有位非常能干的技术人才，起初由于家庭原因离开了公司，等处理好家庭的事情之后想再回公司工作。一是因为他熟悉了公司的工作流程，驾轻就熟；二是他离职之前已经是个部门领导，如果去新的公司，一切从头开始熟悉，会花费较长的时间。所以他希望回来，并向老板表达了这个意思。

然而，老板表示可以接收，仍然干原来的工作，却要从试用期开始，拿试用期的工资。

其实，这个人的能力是公司上下都知道的，老板更清楚他的工作能力。在公司里，他的技术是数一数二的，几乎没有比他更强的人，也正是由于这个原因，老板才会同意接收他。

可是，接收归接收，却不给人家适当的待遇，况且早已经证明了工作能力，为什么非要从试用期开始？

说穿了，只不过是为了以试用期为名达到少给工资的目的罢了。

虽然老板的理由是遵守公司制度，但制度毕竟是死的，人是活的，而且死的制度也是老板制定的，而不是不可更改的公式定理。因为死的制度失去这个优秀人才，公司也不会得到好处。

后来的结果是，那个人才选择去了其他公司工作，成了竞争对手的骨干员工。

我们可以设想，就算他找不到别的工作，勉强答应到这个老板的公司从试用期做起，那么他也一定会像故事中的孙悟空一样，只干试用期员工的活儿。

至于一些技术含量高、其他人干不了但他却驾轻就熟的工作，他也可能和孙悟空一样，用"对不起，我是试用期，不是我的职责"来打发。

因此当试用期变了味儿之后，就已经不是试用期了，而成了一些无良老板对员工"赤裸裸剥削"的一件貌似合理又合法、实则既不合理也不合法的外衣。

而员工作为弱势群体，只能被动地接受老板的剥削与掠夺，稍有不满或不从，就给了老板将其开除的机会，这样试用期就真的成了"试用期"，完全没有了转正的机会。

针对这些现状，《中华人民共和国劳动合同法》中作了明确规定，比如针对随意延长试用期和重复试用的现象，《中华人民共和国劳动合同法》第十九条规定：劳动合同期限三个月以上不满一年的，试用期不得超过一个月；劳动合同期限一年以上不满三年的，试用期不得超过两个月；三年以上固定期限和无固定期限的劳动合同，试用期不得超过六个月。同一单位与同一劳动者只能约定一次试用期。

又比如针对在试用期将满时辞退员工的现象，《中华人民共和国劳动合同法》第三十九条和第四十条规定，在满足劳动者在试用期间被证明不符合录用条件等六种情形之一时，用人单位可以解除劳动合同；以及在满足劳动者患病或者非因工负伤，医疗期满后不能从事原工作，也不能从事由用人单位另行安排的工作等三种情行之一时用人单位可以解除劳动合同，但是必须提前30日以书面形式通知劳动者本人。

但是，尽管法律法规对此有了明确的规定，却并不能完全阻止现实中一些无良老板利用员工对法律法规所知不多，在社会上处于弱势地位、维权不容易等现实，随意通过延长试用期，或者干脆只招员工试用。试用期满就以达不到要求为由解除合同等方式，恶意剥夺员工的合法权益，降低用工成本。

这种做法看似聪明，实则并不利于企业发展。尤其是像上文中那个老板，面对一个早已被证明能力过人的高级技术人员，却因为老板要通过试用期降低其工资，而使之另投明主去辅佐竞争对手，这种教训不可谓不深刻。

事实上，即使那个高级技术人员接受了老板的条件，重新回来开始"试用"，老板也违反了中华人民共和国劳动合同法第十九条关于"同一单位与

同一劳动者只能约定一次试用期"的规定。

只是，员工由于处于弱势地位，较难追究其法律责任罢了。

换言之，就是由于老板违法的成本太小，而员工维权的成本太大，才导致一些无良老板有恃无恐。

当被侵犯了合法权益的员工因为难以维权，而通过伤害老板泄愤的方式来"解决问题"，法律就会来制裁他，社会也会来指责他。

然而，造成这种现象的根源是，他自己的权益得不到保障且维权艰难，甚至毫无希望。

去找老板维权，老板不理会；去有关部门投诉，遭遇推诿也是常事。

我们很少听说有哪个老板因为欠薪而被制裁、惩罚的；听到的反倒都是因为打工仔讨不到工资，做了过激的行为受到法律制裁的。

由此可见，老板违法不付工资，其违法成本几乎等于零；而打工仔讨薪，要么讨不到，要么违法使自己陷进更大的泥潭。

几年前温家宝总理帮农妇熊德明维权讨薪曾经成为一个热门事件。总理只是一句话，就解决了熊德明全家奔波一年多也没解决的讨薪问题。

然而，即使由总理亲自出面帮其讨回拖欠了一年之久的工资，但也并没有见到欠薪方负责人受到严厉制裁。

由此可见，老板在劳资关系中违法的成本太小太小了。

熊德明如果不是幸运地遇到总理，那么再讨几年也讨不到应得的薪水也是可能的。从这个意义上说，熊德明是幸运的。

然而，一个人口大国，数亿劳动者，大多数人都不可能如熊德明这么幸运地遇到总理，靠总理一个一个去帮助他们解决问题也是不现实的。

因此，重要的还是靠老板自觉自律，对于不自觉不自律的老板，则应该寄希望于完善的法律法规，提高其违法成本来制裁。

在这种老板违法成本小、员工维权成本大的社会现实下，劳动者被恶意试用是很常见的现象。

对劳动者而言，这是极其不公平，也极不利于其发挥工作积极主动性的。

就像故事中的孙悟空一样，遭遇试用期待遇后，明明是可以出手摆平的事情也故意不去做。对于这种做法，我们虽不提倡，但也没有理由指责。

因此，针对员工工作不积极、不主动的做法，虽然有老板会冠冕堂皇地说你发挥多大作用，才能得到多少待遇，但是反过来，老板以什么样的心态给什么样的待遇，决定员工为其发挥多大的作用，同样是成立的。

又想马儿跑，又想马儿不吃草，最终的结果不是马往回跑，就是马把他踢倒。在法制越来越完善，打工者维权意识越来越强的今天，变了味儿的试用期当休矣！

做自律的领导

唐僧在屠僧山被两个妖怪捉去，在被百般折磨以后，还是由孙悟空出手除掉妖怪，才把他救了出来，同时也重新奠定了他大师兄的地位。

此时，沙和尚又挑起了行李，猪八戒自然不敢让孙悟空再帮自己牵马了，乖乖地把马绳拾起，师徒四人踏上了取经的新征程。

路上，师徒四人谈论起好老板坏老板的话题。

孙悟空认为唐僧是非不分、忠奸不明，以个人喜好而不以实际能力决定人事任免。同时，唐僧还对员工非常尖酸刻薄，不算是个好老板，相反他是个坏老板

猪八戒则认为唐僧对自己不错，对人温文尔雅，算是个好老板，言辞之中对唐僧充满了歌功颂德之意。

对于这样敏感的话题，深谙明哲保身之道的沙僧一向是弃权的，他从不发表任何意见，只是闷着头抽自己的"流沙河"牌香烟。

白龙马虽然想发表意见，但是他嘴上被唐僧套上了嚼子，无法开口。因此，争论以一票反对、一票赞成陷入僵局。

和往常一样，这就轮到唐僧开口了，只听他清了清嗓子，说："为师觉得，自己算是一个好老板！"

"见过不要脸的，没见过这么不要脸的！"沙和尚在心里嘀咕了一句，"如果说你算好老板，那潘金莲都可以算得上是贞洁烈女了！"

悟空不服："唐老倌儿，你说你是好老板，那就举几个例子出来，让我心服口服！"

唐僧笑了："你还别说，这样的例子还真不少，为师信手拈来就不止一例两例，你信不信？"

"不信！"悟空说，"我就不信你能举出什么例子来！"

"好，且听为师道来！"唐僧举起三根指头说，"咱举一个例子不算，至少给你们举三个出来，让你们心服口服，以后再也不敢怀疑为师对你们的好！"

"是啊，师父收了我们三个当徒弟，这不就是最好的例子吗？"猪八戒不放过任何一个拍马屁的机会接道，"要是再加上白龙马，就是四个活生生的例子了！"

"非也非也！"唐僧道，"为师收你们也好，收白龙马也罢，都是为了利用你们，谈不上什么好。为师现在和你们说的是对你们好与不好的问题，不是收你们的问题！"

"那你说吧！"悟空道，"我们都听着呢！"

"首先，为师录用你们前来工作，是为你们提供了一个成就取经大业的机会，在这个机会最上游的是为师我，下游依次是你们三个和白龙马。在被为师录用之前，你们过得都不如意——那时悟空被压在五指山下，八戒在高老庄为妖，悟净在流沙河作怪，而白龙马呢，虽然你父亲是龙王，却因为犯错误被贬到一个山涧里生活。"唐僧说道，"这些旧日往事相信你们都没有忘记，不会反对是为师把你们解救到取经大业的正途上这种说法吧？"

"没错没错。"八戒道，"要不是师父搭救啊，大师兄你现在还被压在五指山下吃泥咽土呢；沙师弟还在流沙河喝着沙子汤呢；只有俺老猪过得最如意，在高老庄当女婿，说不定都生几窝小猪娃了。不过俺却是最忠于师父的！"

"去，一边呆着去！"悟空对他挥挥手，"师父说得没错，这说明师父以前的确对我们有恩，我们应该尽力报答他才对。但这并不说明他在对待我们兄弟几个方面值得称道。因为这是两码事，不要混为一谈！"

"是的。"唐僧颔首微笑道，"为师把你们解救出来，给你们工作，让你们有修得正果的机会，这是佛祖的安排，算不上为师的功劳。不过，为师在对你们的领导方面，确实做得值得称道。这个事实猴头却不信，待为师给你举例道来！"

"师父你快说吧，俺和大师兄都听着呢！"沙和尚等不及了，开始催起唐僧来，"你别老是拿那滴水之恩当涌泉相报的旧思想来束缚俺们。现在时代不同了，到处都有机会，如果你对俺们不好，俺们照样会跳槽到别的老板那里，跟着他们干！"

"好，你说到别的老板，我就拿别的老板和自己比一比，你就知道我对你们是好是坏了！"唐僧露出一脸笑容，"远的不说，先说如来佛祖吧。他手下菩萨、罗汉众多，可曾听说他给谁开过工资、付过酬劳的？"

悟空、八戒、沙僧齐齐摇头。

"佛祖可曾给过他们什么修成正果的机会？"

"他们本就已经修成正果，自然不必有这机会了！"

"这就对了，佛祖既不给他们机会，又不给他们酬劳。而为师呢，则是不仅给你们机会，又给你们酬劳。虽然酬劳不多，每天才一个馒头，但那也是为师对你们劳动的认可呀！"

"师父，你就别这么厚脸皮啦！佛祖给他们讲经授道，那是许多人花钱也买不来的，不收他们学费就不错了。再说，你给的酬劳，就那些斋饭，还不是俺老孙化来给你吃的，还谈什么你付给我们酬劳！"

"不管怎么说，你们跟着为师没有饿着肚子对不对？这就足以说明为师是一个仁义之'师'！"

"好，算你不要脸，再说另两个例子吧！"悟空马上接口说。

"第一个南海观世音菩萨，想必你们也都认识。他门下有木吒侍候，前不久又收了红孩儿，可是这两个小家伙，在他门下既没有得到大的发展，也没有挣到工资、娶上老婆！"

"得了师父，你也别举例啦！我们知道你的意思了，你不过就是想让我们承认你是好师父而已。其实，别的老板对员工苛刻，那肯定是有的，就像人家农民进城打工，遇到恶意欠薪的老板一样，这些老板本身就不是好老板。可你如果非得拿自己和他们相比较，并以他们为标尺来看的话，你肯定还不算坏！这样说，你满意了吧！"沙僧忍不住叫了起来。

"非也非也。"唐僧摇头道，"木吒和红孩儿侍候菩萨，虽然不用天天斩妖除魔的，但他们的工作性质和你们差不多啊！尤其是红孩儿，他本来也是妖，和你们以前一样。而你们跟了为师去取经，就有了从妖变成佛的机会，他却永远没有这种机会，永远只能当一个侍候菩萨的小童……"

"那还有一个例子呢?"沙僧问道。

唐僧擦了擦嘴角,继续说:"另一个就是黄袍怪了。他也是被观音菩萨收走的,现在给菩萨看山林,这工作能有什么前途呢?既不能游山玩水,又不能和人打架解手痒,而你们跟着为师去取经,一路走来一路游玩,手痒了,还有妖怪打着玩……"

"大家别听师父瞎白话了,他说来说去,就是想给我们洗脑、换脑,实行愚民政策。"孙悟空说完,往白龙马屁股上踢了一脚,"走,咱不听那老秃驴瞎白话了!"

白龙马一扬蹄,把唐僧掀了下来,一溜烟儿地跑了。

孙悟空假装没看见,一个箭步跳到马前,挥着金箍棒,前头开路去了。

沙和尚一边把唐僧往行李里面装,一面嘟嚷着,"俺近视,看不清掉了个啥东西!"然后挑着行李往前跑去……

【点评】................

自律是一种重要的领导力

可以说,没有一个老板愿意承认自己不是好老板。

但是,好老板的标准是什么?如何才算一个真正的好老板?

笔者以为,像文中唐僧那样,自己认为自己老板做得不错,并以此自喜,要求大家承认其是好老板,这无疑不是一个好老板的作为。

然而,现实中类似这样的老板却为数不少。他们喜欢拿自己和别的老板比,但却总是找比自己做得差的老板比:某某老板对员工更刻薄、某某老板更会压榨人……

比来比去,好经验没看到,坏的东西全学了过来,所以说越看越觉得自己对员工太仁慈,因此不自觉地会采取一些更加刻薄的政策对待员工。

这还不算,还以此为借口,对员工大肆宣扬自己如何好,企图让人承

认自己是个好老板。至少和某某老板比起来，自己做得还不错。不过我们最好还是从好老板的例子说起。

说到好老板，不能不提10多年前的一个例子：1999年5月26日下午6时左右，在武汉"广广蛇府"打工的江先生在捉一条两公斤重的五步蛇时，右手腕突然被蛇狠狠地咬了一口，因情况危急而被送往武汉协和医院抢救。由于该医院没有抗蛇毒血清，只能稍作清创处理，别无他法。

"广广蛇府"老板黄海达迅速联系武汉多家医院，但仍未找到抗蛇毒血清。后了解到华南地区最大的蛇伤中心、广州中医药大学第一附属医院有抗蛇毒血清，老板黄海达当即决定坐飞机送伤者江先生前往广州救治。

由于深夜已无武汉至广州的航班，为救江先生一命，黄老板立即花10多万元包了一架专机，于5月27日凌晨3时许将江先生送到广州，并迅速送至广州中医药大学第一附属医院抢救，使其及时脱离了生命危险。

黄海达和被救的打工仔并没有什么私人关系，开酒店前还不是很熟，为什么会舍得掷金10多万元救一个打工仔？

黄海达说，一个人的生命是最宝贵的，总不能才值10万元吧！他的食府共有40多名员工，任何一个员工遇上这样的事，他都会这么做。他作出包机决定时，根本就没去想要花多少钱，想的只是如何把人救活。

像黄海达这样的老板，可以说，他自己不说自己是好老板，相信也不会有人认为他是坏老板，而像那位要求笔者写文章赞扬自己的老板，则令人不敢恭维。

在那个老板的公司里发生过这样一件事：一个分公司的员工因为刚出生的孩子患有先天性心脏病，无钱做手术而向公司求助。求助信在公告栏贴出来后，老板每天从公告栏前经过数次却视而不见，更别提主动捐款了。

公司员工在行政部的号召下，虽然许多人并没有见过那位分公司的员工，但是仍然你10元我20元地捐了1400多元钱。

这点钱对于手术当然是杯水车薪。但是，员工们的收入微薄、力量有限，在不影响自己生活的前提下，只能尽这一点心力。

而靠这些员工为自己一年创下两千多万元利润的老板，到最后竟然一毛未拔。

因此，当他因为自己给处于试用期的大学生几百元试用期工资而觉得

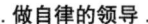

自己做得不错的时候，他并没有扪心自问：自己是否知道什么是好、什么是坏，有没有弄清善与恶、好和坏的标准？

如果试用期不给工资，那些大学生仍然愿意为他干活的话，他还会愿意给人家这么微薄、连生活都难以维持的工资吗？

而他给处于试用期员工一点点工资，就认为自己是好老板，这种想法也着实肤浅得可笑。事实上，这只能证明他不是最坏的，但是并不等于他就是最好的。

因为，在最坏和最好之间，还有坏、一般、好……几个等级的差别。作为一个老板，因为自己不是最坏的，就自做主张给自己贴上"最好"的标签，这种做法，如果不是出于无知，那么就是出于无耻。

同样是这个老板，为了尽可能多地逃避对员工的责任，可谓殚精竭虑、费尽心力。

以法定的女员工婚育权利为例，这个老板本来是不愿意招收女员工的，理由是女员工如果出差怕遇到安全问题。而真实的情况是，老板不愿意承担女员工婚育期间的带薪假期。

尽管他不太希望招收女员工，但因为是服务型公司，客户服务这一块离不开声音甜美、性格细腻的女性，所以不得不招了一些。

但是，每当有女员工准备结婚，他就找借口把人家开除，要么说人家工作不努力，要么说达不到公司要求，要么就是抓住工作中出现的失误不放……总之，务要开除而后快。

这是因为，女员工结了婚，可能很快就会怀孕。一旦怀孕，按法律规定就不能开除人家。如果开除就要赔偿到哺乳期结束的工资；如果不开除，则要在女员工生育前后，给予人家三个月的法定带薪假期！

无论是哪一种情况，对于这位老板来说，都像要他的命一样！因此，他总是在女员工结婚前想办法与对方解除劳动合同。

由于女员工一结婚就要"失业"，有了前车之鉴后，其他女员工有了提防，结婚时没人再敢大张旗鼓地请老板、同事们喝喜酒吃喜糖，而是刻意瞒着公司，甚至连请假都是以其他事由，而不是光明正大地请婚假！

结婚怀孕后，直到显了身形，瞒不住了，才把木已成舟的事实抛出来，反正这时候老板已经"舍不得"开除她了。因为他舍不得白白支付到哺乳期结束的赔偿，只好选择让女员工到生育的时候休三个月的带薪假。

这种情况出现后，老板睁大了"警惕的眼睛"。身为一个男人，女员工的身材稍微有点发福，大多数同事都还没有察觉的时候，他竟然能够发现人家已经怀了孕，开始琢磨让女员工"自愿离开"的办法。

然而，在和这种老板斗争的过程中，女员工也不是好欺负的。

有一个姓吴的江西籍女员工，在刚怀孕不久，还没有显山露水、大部分员工都没发觉的时候就被老板发现了。因此老板把她叫去，说准备和她提前解除合同。

因为提前解除合同按约定只用赔付一个月的工资，比起赔偿到哺乳期结束的"开除"，或支付三个月的带薪产假而言，老板都可以少付出数倍的赔偿。所以女员工一听就知道他打的什么算盘了。

但是，女员工早有准备，她已经到医院进行过体检，取得了怀孕证明。有了这种证明，老板想开除她，就要支付到哺乳期结束的赔偿。

因此，她把怀孕证明亮了出来，拒绝提前解除合同。老板看自己的如意算盘落空了，尴尬极了。为了面子，不得不虚伪地表示一下祝贺，然后提出，为了照顾她的身体，准备给她换个岗位。

名义上是为其换个轻松的工作，事实上是想通过调换岗位达到降工资的目的。通常而言，他给这种情况的员工换的岗位，工资往往只有原来工资的三分之一左右，绝不会有比原来工资更高的情况发生。

而工资降低了，各项赔偿标准自然也会相应地降低。因此，他这个要求也被女员工拒绝了，女员工不愿意自己的合法权益一下被降到只有原来三分之一的程度。

她首先对老板表示了感谢，但是为了公司的发展，还是在原来的岗位上更合适，"因为自己对这一块业务比较熟悉，怕换了别人来接手会影响工作"云云……

老板见此计不行，又生一计，他命令行政部经理、客服部经理轮流找这个女员工谈话，说她的身体状况不适合这个岗位，希望她接受公司的安排调换岗位，不要影响工作，更不要累坏身体……

类似这种谈话每天都要进行几次。那段时间，行政部经理、客服部经理几乎成了专职的说客，他们轮流上阵，时不时找这个女员工单独谈话，让这个女员工不得安生。

谈完后，女员工往往被"气得肚子都快炸了"，而他们则心平气和地去

向老板汇报谈话结果，然后按老板的意思安排第二天的谈话。

因此，女员工虽然咬碎银牙，却又无可奈何。

考虑到怀孕期间过多生气对腹中宝宝的发育不利，最后，这个女员工表示，准备聘请律师和公司谈，宁愿自己倒贴几倍的钱支付律师费，也不愿意让老板得逞。

到了这种地步，老板才不得不无奈地接受了现实，不再想方设法让她"自愿离职"了，而乖乖地在女员工生育的时候，给她放了三个月的带薪假。

可就是这样的老板，竟然大言不惭地认为自己是好老板，还希望笔者写文章赞美他。

因此可以说，当他认为自己是好老板的时候，却有意或无意地忽略了被他作为参照物进行比较的那些老板的所作所为并不是好老板的标准，没人会认为那些老板对员工的压榨是合情合理、顺理成章的。那些老板不是学习的榜样，不仅不值得提倡，反而应该大力批判。然而，这种老板偏偏不仅不对其行为进行批判，反而欲进行宣扬与效仿。这样做虽然可能会为自己争取到一些利益，但是，最终势必会像文中的唐僧一样，被员工们抛弃！

想要成为一个好老板，就应该严于律己，宽以待人，让员工发自内心地认为自己不错。

这样，何愁员工不为自己努力工作呢？

构建公平的激励制度

"徒弟们！"唐僧高叫道。

"啥事？"几个人一起问。

"咱们开个会，讨论一下如何激励大家工作积极性的问题！"

一听说激励，孙悟空先激动了："激励个屁啊，把你平常给我们讲的种种实惠兑现了，就是对我们最大的激励！"

"就是就是。师父啊，你平常为我们许下了多少动听的承诺，但是哪一次实现了？你口口声声说……"

"住口，你这个黑老沙，不说话没人当你是哑巴。"猪八戒叫道，"大师兄向师父叫板，是因为他有本事，你凭什么？"说着，又对沙僧晃了晃拳头。

"哼，我老沙可不是吓大的！"这下把沙僧惹火了，"别以为长着颗猪头，人家就该怕你！"

"停！停！"眼看他们就要打起来，唐僧赶忙劝道，"再不停手，我就念你大师兄的紧箍咒啦！"

"师父，拜托你有点新意好不好？"孙悟空叫道。

"就是就是！每次一出事，你就会找大师兄麻烦，这太不公平了吧！"沙僧住了手，说道。

唐僧晃了晃脑袋："哎，世上哪有绝对的公平啊？你大师兄有本事，当我们遇到无法解决的事，不让他出头让谁出头？谁让他有本事呢，你说是不是？"

"算你有良心。"悟空说，"还知道我能解决你们无法解决的问题。"

说完，过去一把一个，把八戒和沙僧拉开了："别闹了，听师父的，看他今天准备如何激励我们！"

"徒弟们，先生们，是这样的。"唐僧清了清嗓子，摸出一张纸念道，"关于取经路上降妖除魔的奖励办法……"

"哦，原来是这个啊！"沙僧舔了舔舌头，"早知道是这个的话，俺就不吱声了。"说完，他白了猪八戒一眼，"猪头，咱有空再练拳，沙爷爷我非把你揍趴下不可！"

唐僧继续念道："鉴于取经路上妖魔众多，除之不尽、降之不竭，为鼓励大家多除妖、除大妖，特出台办法如下：

1. 除大妖一个，奖励不插电牌电脑一台，可上西天网站看电影、自由购物、浏览网页、打游戏。特别声明：不许看色情影片、浏览色情网站；

2. 除中妖一个，奖励美女牌不插电鼠标一只。特别声明：在没有电的时候无法使用，有电的时候使用，有可能被电流击中；

3. 除小妖一个，奖励河马牌鼠标垫一个。特别声明：鼠标垫上的河马是活的，使用时要小心，以免被河马拖到鼠标垫里去。"

"师父英明！"猪八戒率先鼓起了掌，"现在是网络时代，奖励这些东西，实在是奖到我们心坎儿里去了。"

正说着，前面来了三个妖怪，边走边说："听说唐僧给他的徒弟们制定了新的奖励制度，谁把咱们大、中、小三妖打死了，就有奖励，咱们就去给他们打死，看看是真的还是假的。"

说着，三妖来到了孙悟空面前，和孙悟空动起手来，结果没出三个回合，地上就躺了三具妖尸。

"大师兄好棒啊，一下就可以领到三种奖励呢！大师兄，领了奖品，要借我老沙上网用用啊！"

"好的，没问题。"想想即将有一台全新的不插电牌电脑，可以边走路边上网，和自己的崇拜者交流，孙悟空非常高兴。

"师父，你的这个决定太英明了，让俺老孙多劳多得，以后一定会发挥更大的工作积极性！"说完一伸手，"师父，兑现吧，俺现在就让沙师弟教俺上网。"

"悟空啊，"唐僧说话了，"刚才我宣布的，是对八戒和沙僧的奖励。对

你的奖励办法和他们不同！"

"哦，不同？为什么不同？"孙悟空问道，"咋个不同法？难道还另外奖励上网卡，让俺老孙上网不花钱？"

"因为你的本职工作是打妖怪，所以，你打死妖怪，只是完成本职工作，没有额外的奖励。"

"那你咋激励俺多打妖怪呢？"

"你的本职工作就是打妖怪，干吗要我激励呢？要是你不打妖怪，那说明你失职，便不是一个好员工；打了妖怪，只是完成自己的本职工作而已嘛……"

"师父，你真不要脸！"孙悟空气得直蹦，"你制定这个鸟政策，只是针对八戒和沙僧他们，而把我排除在外？"

"然也！"唐僧道，"你看，他们都有自己的本职工作：八戒给我牵马，悟净为大家挑担，这些工作一会儿都不能放下。而你就不同了，你专职打妖怪，平时是没什么事的……"

"那他们的技术含量能和我的比吗？牵马挑担谁不会啊？要是你愿意，我现在就牵，让八戒给你头前开路去！"

"那不行，八戒不能胜任开路的工作，还是由你来开路，他来牵马更合适些。你要有大局观才行！"

"我有大局观，那你就一视同仁，给我们相同的激励政策啊！"

"你做的是本职工作，怎么能和他们比着要政策呢？"

"师父，我都看不下去了。"沙僧气鼓鼓地扔下担子，"你明知道离了大师兄开路不行，还故意不给他奖励；明知道我们打不了大妖怪，还故意给我们奖励，这不是玩我们呢吗？"

"就是啊，当老板不能无耻到这种地步啊！"

"悟空，你要讲道理啊——我们都是有身份的人，不能做有失身份的事。"唐僧生气了。

"那你说我咋不讲道理了？"孙悟空也火了，"俺老孙给你立下汗马功劳，竟然没有奖励，不仅如此还成了不讲理的人了！"

"一个人完成本职工作，哪能也像别人完成不是自己的本职工作一样要奖励呢？这不是成了无理取闹了吗？对八戒、沙僧他们来说，这不是有失公平了吗？"

"老贼秃，俺还成了无理取闹！好，从今天起，我不打妖怪了！"

"那你就是不称职的员工，所有人、包括社会舆论都会谴责你。还有，别忘了，只要我一念紧箍咒……"

"真歹毒，好，俺老孙不要奖励了。再遇到妖怪，俺打得过的就打，打不过的，也用不着四处求爷爷告奶奶地搬救兵了，随你老贼秃怎么搞吧！"

说着，孙悟空扛起大棒，大步流星地向前走去："就不信俺还没办法了。"

【点评】

领导者不能刻意制造不公平

大家都知道，孙悟空是斩妖除魔的一把好手，是唐僧不可或缺的保护神。

按常理，唐僧应该给予他格外的优惠政策，以更大限度地激发他的工作积极性，让他发挥更大的作用。

然而，唐僧的所作所为却恰恰相反。给别人优惠政策，却偏偏不给孙悟空，虽然打着维护其他人公平的旗号，但事实上对孙悟空却是一种最大的不公平。

诚然，打妖怪是孙悟空的本职工作，但是如果因此就认定孙悟空打妖怪是理所应当、可以熟视无睹的，那就未免有失偏颇了。

毕竟，孙悟空并不能凌驾于所有妖魔之上，有些是他无法独力完成、要去寻找外援的。如果他不寻找，那唐僧、八戒、沙僧，谁都没有办法完成这项工作。

即使对他而言，这些工作驾轻就熟、毫不费劲，但是，因为除了他没有人能够解决这些问题，所以，身为老板的唐僧也应该格外给予他政策上的优惠才对，而不应该仅仅因为他头上戴着"金箍"，不听自己的话可以念咒咒他，就可以无视他的贡献和劳动。

现实生活中，有些老板在对员工设定奖励时，也容易犯这种毛病。以某项工作是某个员工的本职工作为由，拒绝支付其应得的报酬。

比如著名的广东侨兴集团创始人吴瑞林，在其最初的打工生涯里，就遇到了类似的老板。

1985年，吴瑞林因为开服装厂被骗，欠下巨额债务，不得不离开家乡到深圳打工。

到深圳后，吴瑞林在老乡开的电子厂里找到了工作，由于当过厂长，他被委任为车间主任。不久，吴瑞林拿出仅有的2.5万元作为保证金，承包了车间，所得与厂里按比例分成。

到年终结算时，工厂收获了大笔利润，按照合同吴瑞林的收入也达到了38万元。老板心疼了，把钱付给吴瑞林后，就撕毁了原定三年的承包合同。

这个老板虽然撕毁了原定三年的承包合同，使吴瑞林失去了接下来两年可能赚取更多收入、也为老板创造更多财富的机会。但是，他好歹却把这一年应付的38万元付给了吴瑞林。

因此，这一年吴瑞林算是没有白忙，也因此有了开创新事业的资本。毕竟，1985年的38万元对于绝大多数国人而言，都算得上是一笔巨款！

经过多年努力，吴瑞林终于创办了年营业收入上百亿、下属十多家公司、位列中国企业500强的侨兴集团，取得了比他原来老板辉煌千万倍的成绩。

现实生活中，并不是每个人在离开这种无赖老板后都能取得像吴瑞林这么辉煌的成功，而且，绝大多数人遇到这样的老板，都要不回来应得的报酬。

老板往往会以员工完成的工作是分内的，要提成就是额外向公司提无理要求为由拒绝支付，有些员工因为索取应得的报酬而被老板责骂、甚至被借故辞退。

这种老板的做派，和故事中的唐僧有着异曲同工之处，这就容易给员工营造一种不公平的竞争环境，打击他们的工作积极性和主动性，使他们产生做多做少一个样，做坏做好一个样，甚至多做不如不做的心理。

在这种老板的公司里，不干活、少干活的还好，没有气受，自然也能够心平气和；而多干活、干出了成绩的员工，拿不到钱还惹一肚子气。

因此，他们只能像故事中的孙悟空一样，能做的工作也不做，睁着两眼磨洋工，因而更不利于工作的进一步开展。

这样的老板，实在是因小失大，看似占了便宜，事实上在工作上的损失，却远远大于省出来的这点小钱。

因此，如果说现实中存在一定程度的不公平，是我们都无法否认的事实，那么，像唐僧和上文提到的那个老板这样刻意制造不公平的机制，则无疑是种愚蠢的行为。

因为，它收到的实际效果，是让能干的员工变得"不能干"，让能打妖怪的孙悟空变得少打或不打妖怪！

领导要学会阻止下属走入歧途

虽然孙悟空对唐僧的制度表现出了强烈的不满，但唐僧却不以为意。

唐僧相信：一来孙悟空不会因此不打妖，因为这是他的本职工作，如果不做好，社会舆论会压死他的。就算他再找其他工作，人家就会觉得他职业道德有问题；二来，刚过了一个山头，打死了几个妖怪，至少这几天不会遇到新山头、出现新妖怪，因此暂时用不到孙悟空。即使孙悟空闹情绪不打妖怪，也不会有危险。

至于将来，遇到妖怪如何处理，唐僧心想：凭我三寸不烂之舌，是可以慢慢说服他的，如果最后无法说服，我就念咒！

因此，虽然孙悟空气鼓鼓地不想理唐僧，但唐僧还是要给孙悟空吹吹风。

"悟空啊，你看，这几天一路走来，没遇到一个妖怪，你的工作多轻松啊！而八戒、悟净他们，一路走来，有妖和你一起除妖，无妖牵马、挑担，多累啊！为师给他们点优惠政策，不应该吗？"

"老贼秃，你就别提那事了，一提起俺老孙就一肚子气！俺老孙告诉过你，俺争的不是那些鸟奖品，而是公平！"

"难道为师对你不公平吗？悟空，你这样想就不对了，为师做啥事都是一碗水端平的。对你悟空是，对八戒、悟净也是。"

"好了好了，俺不听你唠叨了，赶路要紧！"悟空说着，把金箍棒舞成一个大风轮，对沙僧说，"沙师弟，看俺这个玩具如何？"

"嗯，不错。要是把老贼秃绑在棒子上舞动，让光头反射日月之光，那就更拽了。"沙僧边吃饼干边说。

"妖怪！师父，那边有妖怪！"八戒忽然叫了起来，他一把把手里的可乐瓶子扔了出去，"可惜不是手榴弹，不然炸死他们。"

"悟空啊，那边有妖怪！"唐僧紧张地叫道，"他们把八戒的可乐夺走了，快问他们要回来！"

"师父，你有病啊？他们只是路边的草精树怪什么的。你啥时听过小草喝可乐的，他们顶多喝几滴雨露牌饮料。"

"雨露牌，那可是纯天然饮料啊！"唐僧感叹道，"这些草精树怪可比咱们惬意多了。不过，悟空，你说他们不喝可乐，那八戒的可乐咋脱手而飞了？"

"那你问八戒啊！"

"喂，要不是你比八戒有本事，为师找你问什么？"唐僧不悦了。

"贼秃，你终于承认俺老孙有本事了，但你平时是咋对俺的？"悟空火了，"你以为你平时把俺当人才看了吗？"

唐僧十分生气："好，不问你。我就不信离了你，为师会被这些草精树怪吃了。"

"就是就是。师父，你别理他。俺老猪也不是吃素的，俺今天手痒，想把这些草精树怪除掉，练练本事，以后遇到大妖好不吃亏啊！"听说只是一些草精树怪，猪八戒来了劲，"师父，您先歇歇脚，等俺老猪除了妖怪再走！"

说完，猪八戒拿着钉耙，大叫一声："你猪爷爷来了！"便走下公路，到路旁打草精、除树怪去了。

唐僧骑在马上道："悟空，为师口渴了，想喝水，你去给为师打点水来吧！"

"我不去！"

"为何不去？"

"八戒那里不是有可乐吗？"

"他的可乐被妖精夺走了，而且据说可乐可乐，越喝越渴。如果真渴的时候啊，还是咱中国的白开水合适。"

"那我也不去！"

"为何？"

"你不是说我的本职工作是降妖除魔吗？那这个打水化斋之类的活儿，

就不应该是俺的本职工作，所以俺有权拒绝！"

"哦，为师还真把这个给忘了。悟空啊，这一路行来，打水化斋都是你在做，所以大家早就默认这也是你的本职工作了。你会翻筋斗云，你半个时辰能搞定的事，他们要搞半天，所谓能者多劳嘛，你还是去做了吧！"

"不去。"悟空火往上冒，"一到干活时就强调我的能力强，一到发奖金时就强调那是我的本职工作，老子是那么好哄的么？"

"猴子，你不要敬酒不吃吃罚酒啊。￥%#￥·#%……￥*￥#%……**%·%#……？"（念紧箍咒）

"师父莫念，莫念。俺去，俺去！"

孙悟空捂着头，跟跟跄跄地给唐僧找水去了。

由于遇到的都是小草精、小树怪，在猪八戒的钉耙下不堪一击，所以他越打越兴起，很快便带着一大堆的精怪尸身回来，向唐僧邀功。

看着八戒带回来的战利品，唐僧喜形于色，道："八戒啊，看不出你还真有长进，打了这么多猪草回来，为师可以省下不少口粮。"

"师父，你不能光想着省口粮吧！"八戒道，"我可是冲着你的奖品去的。"

"好，为师绝不食言，说过有奖励，就有奖励！"

唐僧说完，拿出一个河马鼠标垫递给了他。

得到奖励，猪八戒非常高兴："师父，那边的妖怪多得数不清，你先歇着，俺再去打点！"

"既然这么多，叫悟净也一起去，为师也好看看你们是咋除妖的。"说完，唐僧微微一笑，"等你们练好本事，以后猴头再闹情绪，有你们两个顶着，为师也就不怕了。"

悟空打水回来，唐僧和猪八戒、沙僧早已偏离了取经的道路，在打草精树怪的道路上越走越远。

"师父，咱们回去吧，这不是我们要去的西天路！"悟空劝道："再这样走下去，会走到南海的，难道你们想去拜观音不成！"

"悟空，你看，这条路上这么多的草精树怪，八戒、悟净平常和妖怪干仗，总是被人家打得叫爹喊妈，难得打得这么过瘾，正是帮他们树立自信心的时候，为师怎么忍心叫他们收手呢？"

"那你说咋办？"

"为师说啊，就继续往前打，啥时把这些草精树怪打尽了，咱就啥时候收手，去西天取经！"

　　正说着，猪八戒又回来邀功了："师父你看，我打死一个大树精，尸身在那边躺着呢，这下你最少也要奖我一个不插电的鼠标吧！"

　　"好的，好的。"唐僧说着，从怀里掏出一个鼠标，塞给了猪八戒："快去，快去，多多斩妖，让你大师兄也见识见识你的手段，看他以后还敢不敢动不动就罢工了！"

　　猪八戒兴高采烈地继续往前冲去。

　　悟空把水放在地上，"师父啊，我们干脆就顺着这条路打下去，改成到南海去取经算了吧——你看，现在都快到南海观音家了……"

　　唐僧不悦道："就是打到南海观音家也没关系，你没看出为师在培养八戒和悟净的工作能力吗？"

　　"好好好，你就让他们继续打吧，看打这些没有还手能力的草精树怪到底能练出啥本事。先声明啊，迷了路可不怪俺！"

　　说完，悟空在草地上躺下："俺先睡一觉，让这两个蠢货好好打吧！"

　　结果那天，猪八戒和沙和尚从唐僧手里领走了若干个鼠标和鼠标垫，同时，他们偏离取经道路500公里。要不是南海观音发现后及时制止，没准他们会把唐僧带到南无阿弥陀佛山去……

【点评】................

领导者需要有把握目标的能力

　　老板最重要的工作是把握大方向，带领下属走正确的道路。但是，现实中往往有些老板做不到这一点。

　　就像故事中的唐僧一样，对自己喜欢的员工，哪怕他们的意见是错的，也照样言听计从；对自己不喜欢的员工，即使他们的意见正确得不能再正确，也仍然不屑一顾。

　　造成的结果往往是：在一条看似正确的道路上，越来越偏离正确的方

向，步入未知的歧途。

多年前轰动一时的巨人集团就是这样一个典型的例子。本来，巨人老总史玉柱凭自己开发出来的软件成为富翁，转而去做保健品，取得了事业上的巨大成功。如果他坚持按这个方向走，那么他就不会有后来的失败，而成为"最著名的失败者"了。

可是，他却在一些人的奉承和某些人的鼓动下，头脑发热地要去建"巨人大厦"，而且不顾自身资金情况，把设计方案一改再改，从18层到38层，再到54层、64层，直至70层，立志要建当时的中国第一高楼。

为了实现这个目标，他甚至在通过卖楼花等方式向社会融资的同时，不惜把自己在保健品等行业的资金都抽调过来背水一战。

史玉柱当年事业失败离开珠海，再到成功崛起，直到今天，他所有的办公大楼都不超过3层，其中包括上海总部。而2009年12月17日，史玉柱重返珠海兴建的南方总部仍然只有3层。

对此，他表示："我已患了恐高症，再也不会好大喜功、贪大求全了。"

这正说明，史玉柱已充分认识到自己当年走错了方向，因此，好不容易走出那片沼泽，就不会再走回头路了。

而许多企业老板却并不具备他这种面对错误、承认并改正自己错误的勇气，因此，一旦走错方向失败后，就很少有人能够再站起来。

比如笔者认识的一个老板，和史玉柱走上失败之路的原因差不多，都是事业如日中天时自我膨胀，自以为天下无敌、没有自己搞不定的事。

因为嫌原来从事的行业赚钱不够快、不够多，所以，在一些人的劝导下，他决定投身陌生但据说很容易赚钱的另一个行业。

但是，他却不具备这个行业的专业知识，也没有这个行业的管理经验和能力，再加上自我膨胀，听不进别人的衷心劝告，又用人不当，因此，他很快便惨遭失败，不仅新行业没成功，连老行业的阵地也丧失殆尽，和曾经的史玉柱一样，从亿万富翁变成了"亿万负翁"。

遗憾的是，由于平时为人不同等各方面的原因，史玉柱虽然身负巨债但他的核心团队对他却不离不弃，最终辅助勇于面对错误并改正错误的史玉柱重新站立起来，成功地把"亿万负翁"又扳成了"亿万富翁"。

而笔者认识的这位老板，则没有史玉柱的这种魅力。他平时重用的人在他倒台前后都离他而去，不重用的更不用说，在他还没倒下时大部分就已经离开了。

现在几乎是孤家寡人的他，仍然不肯面对自己的错误，仍然在负债的深渊里为自己辩解。他在接受采访时，虽然承认自己早已不是亿万富翁，已经身负巨债，但是仍然大言不惭地表示："但这不是我没能力，而是市场太残酷！"

在电视上看到他说出这样的辩白之词，我知道，如果这是他内心真实的想法，如果他抱定这种观念不放，不肯面对和改正自己的错误，那么他这辈子都难以再站起来成为一个成功者了！

多年以前，他以一个成功者的身份接受采访的时候，忽略当时的时代背景和自己机缘巧合创业成功的际遇，大谈特谈自己的"能力"，似乎是因为他有过人的才能和勤奋，才取得了成功。

但是，成功后他又失败了。这时，他却认为失败的原因不是他的能力，而是因为市场残酷。

成功时，功劳是自己的；失败时，责任在市场。他根本没有正确认识自己，更没有反省自己的愿望和习惯。

事实上，当年他白手起家时，无论资源、资金还是人力，都不如他当上亿万富翁以后充足。但是，尽管如此，他仍然能成功地当上亿万富翁。然而，事业成功后，各方面资源都充足了许多倍，一度在行业内产生了重大影响的他，却又从亿万富翁变成了"亿万负翁"。

这充分说明，他的成功并不是因为具有什么超越常人的能力，而只是因为有胆量先行了一步，再加上恰逢改革开放的好年头，顺应了时代潮流罢了。

可以说，他的成功，很大程度上离不开时代背景和良好的际遇。而他的失败，则一定是和他的用人能力、管理能力、经营能力等各方面有关，绝不会如他所言："不是自己没能力，而是市场太残酷！"因为，在这个"残酷"的市场里，照样有许多同行经营得风生水起、蒸蒸日上！

企业界有句尽人皆知的话：做正确的事，而不是把事情做正确！

诚如斯言，有些事情看似正确，实则并不正确。

就如故事中八戒打草精树怪一样，他们并不是取经路上的障碍物，但八戒出于立功的心态，而一味前去追杀。

此时，身为老板的唐僧，不是及时制止，带领他们走上正确的道路，

而是听之任之，以致最终走上歧途。

而像上文举到的那位老板的例子，为了进军陌生的新行业，放弃了自己熟悉的主业，结果新旧业一起失去，也同样是犯了类似的错误。

在没有足够的专业能力，也没有充足人才储备的情况下，进军陌生的行业去掘金，看似是个正确的决定，但实际上正确的只是动机而已。

在这个正确的动机掩盖下，他已带着公司踏上了错误的不归路——由于这位老板不听忠言、用人不当、缺乏诚信等各方面原因，再加上根本不了解这个行业，终于导致其轰然倒下。

这种教训不可谓不深刻。

企业经营中，不一定每个老板都像史玉柱这样大起大落、历经大风大浪，大多数企业都是平稳地发展着。

但在平凡的岗位上，类似的经验教训也照样值得汲取。

比如：销售是工作的重心。但是，若是为了销售，而任由下属采取一些不利于公司品牌形象的手段，甚至通过欺骗客户、为了销售而销售，最终的结果必然是偏离正确的方向，以小成绩换来大损失，走了一个大大的弯路。

再比如：老板的知名度可以带来公司业绩的提升。但是，纯粹为了提高知名度而不惜制造一些受公众非议甚至反感的事件，结果使公司和老板陷入被世人争论的旋涡，从而影响了公司的企业形象。

又比如：公司在行业内获取荣誉，得到业界的认可是件好事。但是，如果老板因此开始希望走获奖的捷径，挖空心思拿钱去买奖，明明水平不够却还要当什么行业的TOP10、100强之类，却忽略在提高公司经营水平方面下工夫，导致最终虽然拿了一大堆奖杯，但是公司在客户中的口碑却越来越差……

类似这些都是在看似正确的道路上做错误的事情——打着"一切为了公司"的旗号，把公司带入了歧途！

因此，作为一个老板，如果你为了达到目的不择手段，看不清脚下是张着血盆大口的陷阱，还以为天上有硕大无朋的馅饼在等着自己，从而朝着那个错误的方向奔去，那么，你就偏离了正确的道路。

这种情况下，你和你手下员工付出的努力越多，失败来得就会越大！

贰拾壹

死要面子活受罪

唐僧被南海观音骂了一顿，赶回正路，继续西行。

孙悟空一边走一边说："贼秃，眼睛只盯着路边的花花草草，势必会忽略远方的彩虹，服了吧？"

白龙马也生气地说："师父，你也不教训二师兄一下，害得我们浪费了这么多的时间！"

唐僧："哼，我训他干什么啊？他又不是故意的，情有可原嘛！"

"喂，他犯了错，却得到了奖品；可是，因为他的错，害得我白白驮着你这个老贼秃跑那么远的路，这额外的工作咋不见你表示一下啊！最起码也得给我一把新鲜的青草吃吧，天天吃干草，老子都吃腻了。"

"白龙马啊，你这样就不对了，大家都是为了工作嘛，讲什么待遇、谈什么条件啊？为师也没在原地等着啊，还不是跟着他一起跑了这么远？"

悟空听不下去了，接口道："你这老贼秃，你跑一步路了吗？从始至终不都是骑在白龙马身上，亏你还有脸说呢！"

唐僧听了大怒："为师当然要骑在马上，不然要这匹马何用？他又何必参加我们这个团队？"

白龙马见唐僧把问题的焦点转移到自己的职责上来，不乐意了，一个蹶子把唐僧掀了下来："老贼秃，我的职责是职责，但不能因为我有这个职责，就让我天天背负着这个职责做无用功、走冤枉路吧！"

唐僧暗想："好哇，连马也想造反了，看来不树立威望是不行了。"

于是，他大声道："为师是老板，错的也是对的。你们是员工，对的也

149

是错的。为师就这样决定了，你要咋的？不服就炒了你。三条腿的人难找，四条腿的马遍地都是！"

听他这么一说，白龙马不敢吭声了，唐僧翻身上马，让他继续赶路。

可孙悟空却站住了，他要求唐僧一定要分清是非，避免以后再犯类似的错误，让只知埋头干活的人吃亏，让奸诈之徒占便宜。尤其是避免以后明明忠奸立辨，却不励忠不惩奸，让人心寒。

沙僧在一旁对悟空道："大师兄，算了，赶路要紧——你啥时见师父明智过，他就是一个糊涂虫！"

孙悟空为白龙马鸣不平，实在不愿意以后再发生类似的事情，所以坚持要唐僧奖勤罚懒、励忠惩奸，否则自己就罢工。

唐僧听了大为光火："好啊，威胁起我来了，难不成我老唐是被吓大的？你愿意罢工，想罢就罢吧！求你一句，我就把唐字再加个米字写成'糖'，以后不叫唐僧叫糖僧。哼，谁怕谁啊！"

八戒见大师兄和唐僧呕上了气，知道自己惹了祸，赶忙打圆场道："师父，大师兄说得有道理，奖勤罚懒、励忠惩奸、论功行赏、按过处罚是时下最先进的管理方式，以后就按这种方式，说不定会取得更好的效果呢！"

"喂，为师何尝不知道这是个好办法啊！只是这事说说容易，真的做起来——按他说的办，那我的面子咋办？总不能掉地上摔八瓣吧！不行！"唐僧斩钉截铁地回答道。

"哦，我明白了。"八戒心里想，"原来师父和大师兄赌气是为了自己的面子，不干我事，随他们吧。大师兄要罢工，好啊，我还乐得多偷几天懒呢！"

因为孙悟空罢了工，唐僧也不敢贸然前行，生怕再遇到妖怪，没有悟空无法摆平那些妖怪。因此，他只好下令就地休息，等悟空情绪转好了再说。

所以他对大家道："既然悟空想休息几天，那为师就答应你，大家就地休息吧！"

孙悟空被气乐了："还成了俺老孙想休息，真不要脸！好，休息就休息，老子倒要看看你有啥本事，有种你自己往前走！"

师徒四人一待就是半个多月。唐僧领着八戒、沙僧加上白龙马打了半个月的麻将，孙悟空则一个人无聊地一直睡觉。

这天，孙悟空躺在床上想，自己家里还有不少的猴子猴孙等着自己养活，这样下去不是办法。于是，他只好主动找到唐僧说："算你狠，老子还等着赶紧取完经回家去带那些猴子猴孙，没时间和你耗。得了，走吧，赶紧把你送到西天，到西天后，老子这辈子都不想再见到你这贼秃。"

唐僧乐呵呵地道："终于耐不住啦？休息够了？这就行了嘛！俗话说'胳膊扭不过大腿'，你孙悟空也扭不过我老唐。以后记住，别自恃有点能力就和老板作对。和老板作对呢，是永远没有好下场的！"

"我怎么没有好下场了？"

"你看，如果你老老实实地顺着为师的意思，咱们至少多赶了半个月的路吧，哪会耽误到现在啊？"

"你是老板，耽误时间是你的损失，跟我何干？"

"悟空，你这样说就不对了。"唐僧苦口婆心地解释，"你先耐不住，就说明你的损失比我大。你想啊，你家里有一大群猴子猴孙等着你回去带他们；我呢，我没有啊！因此，我比你有优势。而且即使我有孩子，也至少有唐王派人帮我带，不愁吃不愁穿的，上学还没人敢欺负；到了18岁，还会有不少人帮着说媒娶媳妇。你呢，有谁帮你啊？那些三山五岳的妖怪，牛魔王他们？哼，想都别想，他们不霸占你的洞穴、抢你的山头、奴役你的子孙就算好了，更别指望他们帮那些小猴们找媳妇，搞不好你就断子绝孙了，你说你能和我比吗？"

悟空听了恍然大悟："哦，怪不得你这老贼秃不急不躁，原来是算准了老子有这个顾忌。哎，没办法，谁让老子没你命好呢。上次回花果山一趟，把欺负我儿孙的妖怪给收拾了，但这又好长时间没回去，不知道他们啥样了哩！所以我还真不敢再和你耗下去。否则，耗死你没商量，反正你没老子活得时间长。老子是阎罗殿生死簿上都除了名的人，你却不是！"

"那也没关系啊——我是佛祖的弟子，他老人家会帮我的。退一步说即使我阳寿到了，他也有办法让我起死回生，到时耗不起的还是你！"

"这么狠！"悟空叹道，"你这贼秃的关系太硬了，怪不得你能当上老板。好，老子不和你耗了。走吧走吧，早到早安生，到西天后就可以名正言顺地和你散伙了，看你一眼少一眼……"

师徒二人边骂边喊来八戒沙僧和白龙马，歪歪斜斜地又上路了。

唐僧边走边暗暗得意：耶，这次又是我赢了！

【点评】……………

树立威信的同时也要有一颗宽容之心

人非圣贤，孰能无过？过而能改，善莫大焉。

本是很简单的道理，但是到了一些老板那里，却成了一道过不去的坎儿。许多时候，老板明明知道了自己的观点是错的，但为了自己"老板的面子"，为了在员工面前保持所谓的尊严，树立所谓的威信，就是死撑着也不承认。为此，甚至不惜打击员工的正确观点和行为，挫伤其工作积极性和主动性，为此耽误工作甚至牺牲公司的利益。

这样的老板在现实中并不少见。在他们的心目中，真可谓是面子比天大。他们往往有一个共同点，那就是并不具有过人之处，无论是工作能力还是领导水平。

因此，他们比较容易和有主见的员工发生冲突，而这种类型的员工，又往往具有较强的工作能力，就像西天取经团中的孙悟空一样，是公司中的顶梁柱。在很多时候，他们的观点也往往比老板正确。

以笔者工作过的另一家公司为例。那家公司的老板通过自我炒作等方式有了一定的社会知名度，常以名人自居。

事实上，这个老板起家是靠了一个著名的明星，为他拍了几部非常优秀的作品。

由于这个明星对当时的老板而言比较强势，是他花了许多心思才请来的，所以，他对这个明星言听计从，不敢违逆，无意中遵循了"让内行发挥作用"的规律。

所以，那些作品在当时战胜了大多数同行的作品，获得了极大的成功，老板也因此很快积累了上亿的财富，算是事业成功了。

可以说当时他已经具备了非常好的学习条件，如果他肯学习、勤奋钻研的话，完全可以从外行变成内行，带领着公司创造更大的辉煌。

然而，他对这些没有兴趣，却对一些虚名产生了兴趣。

成功以后，他把这一切归功于自己的能力，虽然表面上还听这个明星的话，但其实骨子里已经开始阳奉阴违，表面言听计从，实则我行我素，并到处吹嘘炒作自己。

因此，后来这个明星与他决裂，不再与他合作。没有了明星这个"专业人士"的管制，他自然对公司内部的员工、公司外部的合作者，都摆出一副不可一世的姿态，自以为很了不起，谁的话也听不进去。

所以，虽然他的公司后来又拍了大量作品，并一再极力炒作，但是却没有一部作品超越前期的水平，更没有在社会上产生什么反响，他的公司开始走下坡路。

这时，他并没有反省自己找出原因，而是把原因归在政策和市场环境上，认为是政策打压这个行业，导致市场环境越来越差，因此赌气离开这个行业，想等行业环境好转了再回来。

然而，他的离开，除了使人们茶余饭后多了个谈资之外，并没有产生什么实际性的效果。没有谁去求他留下来带领行业向前发展，因为他根本不是行业领跑者，只是他一相情愿地认为自己是罢了。即使他是行业领跑者，离开了这个行业，也并不代表这个行业就会完蛋。相反，会有新的领跑者乘势而出，夺取领头地位。

他既然已经迈出了错误的一步，离开了这个行业，为了面子又不好走回头路，于是，就错上加错地进入了一个陌生的行业，以为凭着自己的老一套三板斧，可以在这个新行业劈出一片天。

只是他忽略了，自己当初的成功客观上是那个明星组建的专业团队为他带来的，他在里面只是起了一个融资投资的作用，他本人并没有专业能力和管理能力。

而在这个新的行业里，并没有像那个明星一样强势得能让他言听计从的专业人士。虽然公司里有些该行业的专业人士，但是这时的老板自认为功成名就，对他们的意见不屑一顾。别说听他们的意见了，还反过来要求他们对自己言听计从！

他觉得，在原来的行业里，自己也是什么都不懂就成功了，所以他相信自己在这个新行业里同样能够成功。

对自己缺乏专业知识的现实，他不仅不以为意，还颇为自豪，他接受采访时表示："什么都不懂，才更容易成功。我在原来的行业也是什么都不懂，不是照样成功了吗？"

因此，对那些比自己弱势的专业人士的意见，他根本听不进去，还外行指挥内行地让职业经理人按自己的意图行事，从而造成市场失利、职业经理人的专长无法发挥，愤而离职。

离职后，经理人接受报社采访，把离职的原因说了出来。

这个老板如果聪明，就应该认真研读报道、倾听离职经理人的心里话。因为一般而言，只有离开了公司的人才敢说出真话。即使有不实的指责，本着有则改之、无则加勉的态度来防患于未然也未尝不可。

但是，这个老板却不这样，他认为自己是永远不会错的上帝。因此，看到这些报道之后他勃然大怒，并且立即组织人手，准备撰写反驳文章痛斥这个经理人没本事做市场。

他的理由是，老板请职业经理人是做市场的，市场做不起来，就是职业经理人的责任，因此，你没有权力指责老板。如果老板把一切都做好了，还有必要请你来当经理人吗？

然而，由于他组织的写手也认为他的管理方式有许多错误，并因此和他产生了矛盾，所以写手拒绝了他这个要求。

从这件事上可以看出，这个老板根本不愿意面对自己有错误的现实，更不可能知错就改。

眼看着公司滑到濒临破产的边缘，他仍然振振有词，认为自己没有错，错的是市场、是环境……甚至在明明知道自己用错了人，通过考核发现前几名没有一名是在职高管，而全部是一线普通员工的情况下，他仍然坚持自己的用人方针，对于考核成绩优异的一线员工视而不见，让这些不擅长或不愿意讨好自己的员工没有出头之日。

他觉得这样就可以避免和自己不喜欢的人打交道。但是他忽略了，这样会把自己的事业大厦拖垮。

面对这样的老板，那些优秀的员工如果坚持自己的观点，就势必和老板起冲突；不坚持自己的观点，又往往不利于工作的开展，甚至会使工作倒退。

因此，这种老板牵制的，事实上并不仅仅是员工本身，还包括老板的事业和发展。

而一些别有用心者，想拍这类型老板的马屁就比较容易，只要坚持恭维他，时刻将之奉为万无一错的圣人，便很容易得到他们的欢心。

这种老板赏识的往往是这种小人，也就容易造成自己事业的滑坡。

因此，作为老板，应该摒弃过往那种面子大过天的思想，客观公正地审视自己和员工的关系：一方面承认人非圣贤，孰能无过，自己也会有犯错的时候；另一方面坚持知错即改，才不至于在错误的道路上越走越远。

如此，不仅能促进优秀员工的积极性，还有效减少甚至避免了在某些别有用心者的恭维下犯错误的概率，这才是明智之举！

领导不能做两面派

这一天，唐僧打发孙悟空去化斋，让沙僧去洗衣服，八戒去喂马，剩下自己没事干，就独自一人在山坳里走来走去散心。

正走着，忽然前方来了一个妖怪，一见面就问他是不是唐僧。

唐僧觉得自己知名度还是挺高的，所以心里高兴，说："是啊是啊，我就是你唐爷爷。有什么事吗？"

妖怪听了更高兴，说："老子在这里等你好几天了，既然你来了，就不要走，让老子吃了你！"

说完，张开血盆大口就要吃唐僧。

唐僧一见急了，心说："不好，老子今天要一命呜呼！"

于是他就赶紧求饶："妖怪，你别吃我，我叫你爷爷，这总行了吧？"

妖怪笑了："你让我吃了再叫吧。哈哈！喂，干吗尿裤子，想恶心我是不？"

唐僧说："不是啊，我一害怕就尿裤子，这是我妈生我时坐下的病，改不了的。求求你别吃我了，不然我会拉在裤子上。"

妖怪说："真恶心。嗯，这样吧，我吃你时，把你的裤子脱了吃，这下满意了吧！"

唐僧心说："那不是吃得更干净？"转身看看，三个徒弟都不在。

"唉，难道我真的要葬身在这妖怪腹中？"又一想，"不对啊，如来佛祖既然安排我去西天取经，就注定我不会死在半路上，否则他老人家的面子往哪搁？因此，即使悟空他们不在身边，我也不用担心。"

想到这里，他壮起胆子大喝一声："咄，孙子！想吃你唐爷爷，先看看你长了那牙口没有？"

妖怪愣了："老子被虫蛀坏了牙，昨天刚去补过，难道贼秃连这都知道？"

他露出白森森的牙，说："看准了，老子刚补的牙，刚才肚子饿，啃了两块石头，都嚼碎咽了下去，吃你还不是小菜一碟？"

唐僧笑了："管你补的什么牙，我大徒弟孙悟空来了，都能给你掰掉，让你吃不成！你要是不吃我，还能保住你的牙，以后想吃啥就吃啥！要是吃了我，我大徒弟来把你的牙掰掉，以后你啥都吃不成了，活活饿死你。好好想想吧。"

妖怪一听："是啊，这可是个问题。孙悟空把我打死也就罢了，起码我以后不会再饿肚子，不用怕没有牙吃东西；如果他不打死我，就只把我的牙掰掉，让我饿着肚子活，这可不好玩，一定是生不如死。"

于是，这妖怪挠挠头皮，说："好，算你小子好运，看在你大徒弟面子上，老子不吃你了，滚吧，别让老子看到你，看到就想流口水！"

唐僧回来，把这事添油加醋讲给徒弟们听："徒弟们哪，今天为师赤手空拳打跑一个妖怪，厉害吧！"

沙僧听了，说："师父，你又编故事了。俺不信！"

唐僧一听，心想："晕。老沙变聪明了，以后一定要防着他点。"

于是，他转过头问八戒信不信。

八戒一边啃馒头一边说："信，俺当然信。不信就没馒头吃。"

唐僧很得意。

沙僧却说："师父啊，要是说你用大师兄的名头吓跑一个妖怪，俺信。说你打跑的，那俺就口服心也不会服了。"

唐僧心里暗骂："好个不识趣的东西，竟敢说真话。不知道老子最不喜欢听真话吗？"

于是，他就站起来，说："你们不看看我是谁？我是如来佛祖的弟子转世，会打不过个小妖怪吗？"

悟空放下筷子，说："你能打过，要我们干吗啊？"

唐僧愠道："我收你们当徒弟，是拯救你们于水深火热之中，你们别不识好歹，真的以为是你们在都我啊。就说猴头你吧，我把你从五指山下救

出来；八戒吧，哦，八戒比较乖，不说八戒；悟净，你看，你在流沙河过的啥日子，整天钻在水里，穿不了一件干衣服，现在跟着为师，衣服天天都是干的吧？"

这时，白龙马叫了一声，用蹄子刨了刨地，表示他的不满。

唐僧不禁大怒："畜牲，连你也想造反！你这小白龙，要不是为师收你，你说你的死罪免了，活罪能逃得了吗？我救了你们，你们不过效些犬马之劳报答我而已。小白龙当了马，你们几个就应该像犬一样才对！明白不？"

八戒赶紧趴在地上，学了几声狗叫。

孙悟空怒了："哼，面对妖怪时，你有现在一半神气，俺就佩服你。哪次你不是吓得屁滚尿流，一个劲儿地叫俺救你？在俺面前你倒有本事！"

话还没说完，孙悟空就倒地打起滚来，原来，唐僧念起了紧箍咒。边念边问："服不服，你服不服？"

孙悟空忍受不了，不得不说："服了，服了。老子服了，你别念了。"

唐僧停止念咒，得意地说："悟空，你别看为师治妖怪没本事，治你却有真本事！你不服还真不行！"

孙悟空不禁仰天长叹："苍天啊！大地啊！佛祖为什么不给妖怪戴上金箍儿啊？那样，唐老倌儿只管一路念着咒往前走就行了，俺就可以不保这个唐老倌儿了！"

【点评】················
做事前后一致有利于领导力的提升

大家都知道《西游记》里的唐僧，他每每面对欲置自己于死地的妖怪时，总是苦苦哀求，懦弱不已。

但是，面对每每拯救自己于危险之中的徒弟们，尤其是大徒弟孙悟空，却非斥即骂，动不动还念个紧箍咒让他头痛一下，显得异常强大和不

可侵犯。

在取经团队中，唐僧是当之无愧的领导，其身份虽然是师父，但却并没有传授过徒弟们任何绝招。相反，唐僧倒是经常需要徒弟搭救。

因此，他们根本没有师徒之实，与其说他是师父，不如说是老板更贴切些。

那么，在现实生活中的老板，有没有类似唐僧这样的两张脸呢？

笔者曾经在一家企业工作过，那家企业的老板就有像唐僧这样的两张脸。

他在面对员工时强调："我不看过程，只看结果。因此，不要告诉我你在做这项工作时遇到了什么困难。困难你自己想办法克服，不要找我。能完成'不可能完成的任务'才是好员工。要是遇到什么事我都帮你解决，那么，你就没必要在公司了。"

但是，他却不去想，有些困难是员工本身不可能克服的，比如需要调动公司的某些资源，需要加大投入，等等。

这些他都让员工自己去想办法解决，实在是太高估了员工的能力。

事实上，他自己也明白员工不可能解决这些方面的难题，他只是一相情愿地希望员工尽一己之力去完成"不可能完成的任务"，以尽最大可能减少和降低公司的投入。

其结果自然可想而知。

而在面对客户时，他强调的是："没有过程，哪有结果？任何结果都是由过程一步一步走过来的。过程不会一帆风顺，会出现意料之外的情况。所以，如果只强调结果，不看过程，那是不公平也不现实的……"

在这个时候，他会刻意向客户强调困难：资金的不足、配合的不够、客户听取己方意见太少等等，不一而足。势必要运用三寸不烂之舌，让客户只看过程，而尽量少看结果。也就是告诉客户我们已经尽了最大的努力，事情没有办好，有各方面的原因。……

同样一个人，为何会出现这样两张不同的面孔？究其原因，皆因为他面对员工和面对客户，是不同的对象。相对他本身而言，一个是弱势，一个是强势。

所以，他在面对弱势的员工时，可以不讲理地只问人要结果；但是，面对强势的客户时，他却向人家强调要"讲理"，告诉人家只看结果、不看过程是不讲理的！

这一方面显示了他的善变和不自信，堪称是一条根据周边环境及时变换颜色的"变色龙"；另一方面，也证明他并没有信心自己能达到客户的要求、完成客户的任务。

其实，对内对外有两张截然不同的面孔还可以理解，因为他面对的对象不同，这么做也是出于个人利益最大化或保护自己的立场；那么，同样是面对内部员工，面对不同的员工个体，或在不同的时间段，摆出两副不同的面孔，就只能以"不讲理"而概之了。

比如，招聘新员工时，面对刚毕业的大学生，他强调的是："你刚刚毕业，虽然有些书本上的理论知识，但是没有工作经验，更没有随机应变的能力，所以，你需要磨炼、提高。公司可以给你提供这样的平台，但是你要努力、勤奋，才能进步、不被淘汰……"

至于待遇嘛，一个时刻要防着被"淘汰"的人，还敢提什么要求吗？就算提了，老板会答应吗？所以，自然以低薪招了进来。

而对于一些经过社会磨炼，有了丰富工作经验，甚至做出了一定成就的员工，他的说辞是："你虽然在其他公司积累了经验，也做出了成绩，但是，这不代表其他公司的经验就适合我们公司；你以前取得的成绩，也不是为我们的公司取得的。我们公司和其他公司不同，要比他们更优越、更先进，所以你不能抱着以前的经验不放。你要学会归零，把自己当成什么都不懂的人，这样才能更好地融入公司。一张白纸才最好画画嘛，你如果不学会归零，会被淘汰的……"

没经验的人他以没经验为由降低待遇，有经验的人又以经验不适合为由，要人家"归零"。归零了，当然就要从头做起了。他就凭着那三寸不烂之舌，两头都占尽便宜。

在待遇方面，员工要求得高了，他说人家是狮子大开口："你的能力还没能证明给我看，我凭什么给你这么高的待遇？"

有人要求的待遇低呢，他又说："你看，你自己都才要这么一点，这么不自信，这只能说明你不是人才！既然不是人才，我录用你，给你机会让你成长，你应该珍惜这个机会……所以，待遇方面也就不要有什么妄想了。"

就这样，通过这种方式，他一次次压低了员工的待遇，降低了员工的心理防线……

在谈到人才的标准时，他说："拿不到年薪十万以上的就不是人才，因此，每个人都要虚心学习、勤奋工作，争取拿到年薪十万以上。"

这话往往会让新员工感到非常兴奋："真是一个好老板！我一定努力工作，提高自己的水平，争取早日拿到十万年薪！"

但是，你想要拿到十万年薪，那是不可能的。因为等你用时间换空间，"从头学起"、"从最底层做起"，薪水还没加到十万年薪的一半，他已经开始想方设法让你离开公司了！

所以，在他的公司里，永远"没有"人才，因为他永远在招揽人才，显得那么求贤若渴，似乎在追求人才方面永远不知满足。

每一个新入职的员工都会被他感动："他说得多有道理啊！"

但是，当新员工变成了老员工，在老员工的面前，他的道理就是另一个版本了。

即使真的是一个优秀人才，他无法否定人家的才能，也会从别的方面来否定，他会说这个人独立特行，恃才傲物，或者不忠诚。即使人家做出了成绩，如果有他或其他同事共同参与了，他便会强调这不是一个人的功劳，而是团队的功劳；如果与其他人无关，从始至终都是一个人完成的，他会说人家犯了个人英雄主义错误，擅自行动、脱离团队……

总之，在他的公司里，任何人都别想完整得到自己应该得到的。

如果有人坚持要得到，那么很好，他会告诉这个人："你已经不适合在公司里待下去！"

有人因此表示要和他打官司时，他就狂妄地告诉对方："到哪你都告不赢，不信你就试试看！"

这样的老板在不同的场合、不同的时间，会换不同的说法来尽最大限度地维护自己的利益，达到多榨取员工剩余价值的目的。

换言之，就是正反两方面他都要占理，正应了那句话："嘴是两张皮，咋说咋是理。"

只是，作为一个老板，如果偶尔有一两次这样的情况，尚可理解；但是，如果经常有这样的两张脸，那肯定不是一件好事情。

等员工和客户都看清了他的庐山真面目，也就是他事业走向衰败之时！

笔者曾工作过的那家公司，最近倒闭了，就是一个最好的例证！

学会放权

这一天唐僧心血来潮，想起和徒弟们探讨打妖怪的问题了。

孙悟空怪他没眼光还要乱当家："师父啊，你根本看不出哪个是妖，哪个是人，却还偏要乱当家，害我多费了多少劲儿？"

唐僧不乐意听了："咋啦？我咋乱当家啦？"

"你看，三打白骨精时，要不是你，俺当初一棒子把他打死，多好！红孩儿，俺不让救，你偏要救，结果救了他，把你搭进去了，害得俺上天入地，到处求神拜佛，费了九牛二虎之力才把你救出来；还有……"

沙僧接着道："对，可以说，我们一路上的很多麻烦都是师父给找的。每次都是他拉屎我们擦屁股，他放屁我们闻臭味儿。"

唐僧听了骂道，"老沙头儿你小心点！你要是再这样说，我就让八戒把你当妖精打。"

八戒道："师父，虽然我很忠于你，但是我也觉得大师兄和沙师弟说得有点道理。你放屁我们闻臭味儿，没错的，一般人闻不到自己的臭屁。"

大家说着走着，心情比较好。

这时沙僧提议道："师父，要不你以后就放权给大师兄吧，别把什么权都握在手里。你要专才专用，不要外行干涉内行。像打妖怪这种事，大师兄是行家，你让他来做主才对。他看谁是妖怪，那谁就一定是妖怪……"

"收声！"唐僧打了个停的手势，"放权，说得轻巧，我把权力放给他，他乱打人怎么办？他随便打死个老婆婆，硬说人家是妖怪，或者把人家变成个树精蝎子精什么的，这不是滥杀无辜吗？"

孙悟空说："呸，俺是那种人吗？俺啥时候滥杀无辜了？哪次打的不是妖怪？再说了，要是凡人，也经不起俺一打。凡是俺一而再、再而三打不死的，那一定不是你说的凡人，非妖即怪。俺不稀罕你那点破权力，俺只希望遇到妖怪时你让俺打就行了。别弄得俺在前方打妖怪，你在后方念咒儿咒俺！"

正说着，前面过来一个老婆婆。这下唐僧来了精神："徒弟们，咱们来猜谜，猜对的有奖！"

八戒一听来了劲："好啊好啊，自从离开高老庄，好久没有猜谜了。师父你出题吧！"

唐僧用马鞭一指："看到没有？前面那个老婆婆，很像悟空打白骨精时那个老婆婆。咱们大家猜，她到底是人是妖？"

"我先说，我先说。"八戒举手道，"我觉得没准，她是个妖怪。"

"Why？"沙僧最近在自学英语，时不时会冒出一句。

"你没听师父刚才说吗，很像悟空打白骨精时那个老婆婆。所以那个老婆婆就是妖精变的，这个凭什么不是？"

"看，犯经验主义错误了不是？"孙悟空笑道，"大家别忘了，我们原来还都是妖怪呢——我被玉皇大帝骂了几百年妖猴儿；八戒在高老庄人眼里就是强抢民女的妖怪；沙师弟是个河妖……"

这时，沙僧说话了："依我看，这个老婆婆不是妖，是人。原因嘛，很简单，大师兄的话给了我启示！"

"悟空只是说你们几个曾经是妖，并没有说你们现在就是人啊！"唐僧笑道。

八戒道："既不是妖，又不是人，那是什么？"

正争执不停的时候，前面那个老婆婆停下脚步，飞了起来。这下，八戒更坚定了自己的看法，叫道："看，我没说错吧，这是妖！看，还会飞呢，飞得真快，都赶上飞碟了。"

唐僧也叫道："悟空，快，金箍棒出耳，打这个妖怪！"

悟空却道："大家赶快来参见菩萨，看你们啥眼神，南海观音化妆来微服私访都看不出来，就知道和我较劲。"

说完，扭头对唐僧道："老倌儿，你人妖不分就罢了，连菩萨也认不出来。以后啊，在辨人识妖这方面还是把权力下放，听我的，少干点儿悟空

痛妖怪快的事吧！"

【点评】

成功的领导是"不操心"的领导

美国空军首任参谋长卡门·斯帕茨将军是一位"不操心"的领导，却是成功的领导，他的口头禅是："我喝我的威士忌，别人把我的工作做好。"

这句话不仅仅是幽默，更是一种豁达的领导艺术。

他的助理、副参谋长威廉·麦克凯少将有一次拿着一份文件，去找斯帕茨将军签字。他进了将军的办公室，对他说："长官，这份文件需要签字。"

斯帕茨将军抬起头望着他，说："你不是刚晋升军衔吗？"

麦克凯少将说："是的，长官。"

"谁提拔了你？"

"是您，长官。"

"你认为我到底凭什么提拔你？"

"长官，我不知道。"

"好吧，我来告诉你。我提拔你，就是为了让你在这样的文件上签字，这些文件是不是意味着明天早上就要打仗了？"

"不是，长官。"

"那么你来签字。如果你犯了错误，我会原谅你一次。如果再犯，你就会被解除职务。另外，11点5分我要见几个朋友，我得走了。你来签字。"

麦克凯少将回到办公室，坐下来仔仔细细把这份文件从头到尾读了三遍，然后签上了字。这件事对麦克凯少将触动很大，斯帕茨将军的用意是放权给下属，让他们真正负起责任来！

他对谁有信心，那么他就会遵循世界上最简单的领导原则——给下属权力，大声说出自己对他们的信任，让他们把事办好。

阿里巴巴创始人马云曾经指出："企业制定战略目标永远不能超过三个，超过了三个就记不住了，员工也记不住；每年定目标，将重要的一、二、三确定下来，第四个就要关闭掉。而对团队来说很重要的就是七，一个人最多只能管七个人，超过七就一定会产生问题。"

所以说，放权真的是一件很重要的事情。不过一般而言，老板不愿意放权，不外乎以下几种原因：

1．老板白手起家，对自己所在的行业比较熟悉，再加上长时间处于这个行业中，自己水平明显高于其他人。因此总是看其他人干这也不顺眼，干那也不如意，所以不愿意把权力下放给别人。

如果是这种情况，相对还可以理解，对事业的影响也不大，除了自己本身精力不够会比较累之外，可以说是有利无害。

2．权力欲、表现欲带给人的成就感，使之不愿意离开自己的"权力宝座"。

对于许多老板来说，权力欲和表现欲很重要。在企业中作为最高统帅的老板，总觉得一旦放权给别人，就等于在削减自己的权力，使自己没有表现的机会。

比如笔者认识的一个老板，他本身并没有什么水平，甚至大字都不认识几个，但是他的签名却非常漂亮。原来他为了签署文件、为人签名，专门找设计师设计了签名，并练了许久，目的就是为了在需要签名的时候露上一手。

这个老板的权力欲、表现欲尤其强。

一次，笔者与其一起到长春出差，他带了五百本自传，全部签名送人不算，还主动到几所大学去"签名送报"。

由于那些大学并没有邀请他，所以既没有人接待，也没有场地。但是他不在乎，他安排工作人员搬张桌子，放在校园的大道上，自己坐在桌子后为人签名。

由于自传已经签送完了，他就让人到报摊上买了几百份报纸，有人路过就叫住人家，然后在报纸上签个名塞到人家手里。这个行为不仅弄得接到报纸的大学生莫名其妙，就连他身边的工作人员也感觉可笑。

他并不是人人都认识的大明星，这样主动给人送签名，除了显示出自己过强的表现欲之外，没有任何意义。

有些学生接过报纸看都不看就扔到路旁的垃圾桶里去了，原来，他签了名的这张报纸，上面全是广告……

对于这种老板来说，如果让他把权力下放给别人，这种出头露脸的机会必将大大减少，使其少了许多表现的机会。

还有一个老板，总爱抛头露面，凡分公司、办事处、经销商举办重要会议，其必到场，坐在主席台上发表重要讲话。

事实上，许多种会议他都是可有可无，如果他不去，别的人还可以多些发言时间，大家多些讨论时间。

而他一去，则把这些时间占用一大半，而且他的讲话也经常文理不通、贻笑大方。然而，他却乐此不疲，美其名曰接近基层，事实上只是喜欢出风头而已。

这种老板的不放权已经影响到企业的发展，因为老板事无巨细，凡事都要插一杠子，很容易对下属的工作形成影响、造成干涉，使之在工作时束手束脚，难以发挥。

如果老板本身懂行还相对好些，如果老板是外行，那么后果则不容乐观。

3. 怀疑心理作祟，不相信别人，自然不愿意把权力交给别人。

比如本文开头所讲的那个老板，甚至连一张打印纸的签署权都要掌控在自己手中，在他的心中，公司的所有员工都可能是窃取商业机密的窃贼，每个人都时时刻刻在揩着公司的油。所以说要是让他们随便领取打印纸，把公司机密打印了带出去怎么办？

这固然和其是通过窃取原供职公司的商业机密发家的经历有关，但事实上也说明他没有与时俱进，说他愚蠢一点都不冤枉。

在他窃取原供职公司商业机密发家的年代，连电脑都少见，最好的办法当然是打印或抄写数据带出去。因此，他抱守着自己当年的行为方式，以此为标准来防范员工。

但是他却忽略了随着时代的发展、科技的进步，现在通过QQ、电子邮箱、MSN等网络通讯工具，想传送什么都十分方便，再大的商业机密都可以实现无纸化传输，根本不需要打印了才能带出去……

既然如此，他又何必非要握着打印纸的签署权不放、给自己和员工增添双重麻烦呢？

难道，仅仅是为了节约购买打印纸的费用？这样的话，他的视野也太狭窄了，以这样的视野经营企业，怎么可能得到大的发展？

因此，这种老板坚持自己掌控所有事务，凡事亲历亲为，看似为企业鞠躬尽瘁，事实上，这种老板对企业造成的负面影响和伤害也最大。

难怪他自己都说，自己是企业发展的绊脚石了。

可惜，他虽然认识到了这一点，却无法改变自己对员工的不信任心理，因此，也就无法改变自己成为企业发展绊脚石的现状。

事实上，"闻道有先后，术业有专攻"，身为老板，把握企业的大方向，制定企业战略是行家，也是最重要的工作；但具体到某些专业层面，可能自己的水平连个普通操作工都不如。

既然如此，还干吗非要指手画脚，为专业人士画地为牢呢？公司的一些内部繁杂事务交给内务主管或后勤部门负责就是了，干吗非得自己连一张打印纸的审批权都抱在怀里不放？

女员工怀孕之类的事更简单，按法律规定的做，不仅员工不会纠缠，还反而落得个善待员工的美名，更好地激发员工的积极性，何乐而不为？

因此，他这样做，证明他事实上已经不再是企业的主人，而沦为了企业的奴隶。为了金钱，怀疑一切人；为了金钱，丧失了基本的良知，甚至泯灭了人性。

"老板不放权，神仙也难办"。如果老板一味抓着权力不肯放手，那么，即使把神仙引进企业，也不会起到预期中的作用，最后只能落个分道扬镳的下场，轻者影响企业发展，重者导致企业直接或间接倒闭！

因此，说这样的老板是企业发展最大的绊脚石一点也不为过，老板自己既没有得到轻松，下属也难以施展拳脚。这些就如同唐僧取经之心最诚，但他事实上却是西天取经路上设置障碍最多的人一样。

有着类似心理的老板如果不能认识到这一点并积极改正，那么，他和他的公司迟早会出大问题。

好的战略，是好的细节的前提

唐僧骑在马上接了一个电话，放下电话立刻召集大家开会。

"刚才天庭师范学院的吴教授告诉我，现在有种说法叫细节决定成败，过往粗放式的管理不适合现在的形势了。所以，我决定从现在开始，我们集体转变观念，开始注重细节！"

"哪这么多鸟事！"沙僧说，"我看哪，这都是一帮专家没事折腾人的玩意儿，信他们准死。"

"闭嘴！"唐僧怒斥道，"从今天开始，你们每个人都要注意细节。我要求你们在每次和妖怪作战时，必须注意每一个细节，一招一式都要符合规范。把这些细节做好了，胜才胜得光荣，败也败得自豪。"

"不是吧？师父！这样的话，和妖怪打架时，一招一式都要符合规范，这还怎么能放开手脚？"孙悟空抗议道，"常言说兵无常形、技无常法。拘泥于成规之中，势必无法取得胜利！"

"猴头啊，这样想你就真落伍了，我们这叫做细节决定成败。你只有把每一个细节都做好、做规范，才容易取得成功。这可是天庭师范学院的吴教授最新研究的课题噢！"

"哦。请问那吴教授打过几个妖怪？他知道妖怪长什么模样？他说的怎么能符合我们的实际情况？"

"嘘，人家是理论派、学院派，不是实战派。现在做什么都离不开理论，不是说理论指导实践吗？"唐僧用马鞭指着孙悟空，"不要再争了，按为师的要求办。你要明白，为师身为领导，肩负着取经大业的重任，绝对不可能把你们往阴沟里带的。"

猪八戒听了，马上附和道："对啊，猴哥，师父说得没错。他是老板，咱们是打工的，按他说的做就是了，有意见可以找个没人的地方去提！"

孙悟空狠狠瞪了他一眼，抬手给了八戒一巴掌。

唐僧看了喝道："悟空，刚说过的，你怎么又忘了？你这打人的姿势不规范，细节不到位，未将手扬到该扬的高度就往下落，这么不重视细节，怎么能让为师放心呢？"

孙悟空气极："等我把手举过头顶，他早跑远了，还打得着吗？"

唐僧说："他是你师弟，你干吗非要打到他呢？"

孙悟空："我这是让你明白，遇到妖怪要打时，如果都按你说的细节做，可能打不到妖怪，反而被妖怪给打了！"

"不会的，你放心吧。现在的潮流就是细节决定成败，妖怪们也会注重细节的！他们如果不注重细节，不按规范来，会被人笑话的，就算取胜，也没有什么光荣的！"

"人家要什么光荣，想光荣就不当妖怪了！"沙僧接了一句，看唐僧要发作的样子，赶紧挑着东西一溜烟儿地跑前面去了。

当天晚上，他们没找到住宿的农家，只好在山沟里过夜。

赶了一天路，个个都累得要死，都想早点入睡。

可是唐僧却说："你们要先完成今天的工作汇报，这也是执行细节的一个部分。"

孙悟空一听就火了："今天有什么可汇报的，又没遇到妖怪！"

"哎，你这样说就不对了。"唐僧说，"今天我向你们传达了细节决定成败的理念，你们要把这个记下来，并写出自己的心得，作好以后如何执行细节的规划。这是'日清日报'制度，我们说过要把'日清日报'进行到底！"

"师父你真臭屁！"孙悟空说。

"写不写？不写就念咒！"唐僧威胁道，"你们没工资，我没法像世间那些老板一样用扣工资威胁你们，但我可以念咒！"

"好，好，好！我写，我写！"孙悟空说，"唐老倌儿，你天天折腾我们，有本事你折腾折腾妖怪让我们看一看！"

唐僧笑了："折腾妖怪是你们三个的工作，我的工作就是折腾你们三个。不对，还有白龙马！好了，你们抓紧时间总结吧，天亮我要看！"

说完，唐僧躺下来进入了梦乡。

孙悟空、猪八戒、沙和尚和白龙马摸出笔，在星光下开始写他们的心得体会。

天亮了。

唐僧起床，吃了早餐，他们四个还在撅着屁股写总结，地上扔得到处是烟屁股。

唐僧看了很生气，说："让你们注重细节，看你们还把烟头乱扔，这让人家看到多不利于我们的形象啊。写完把这儿打扫一下再走！"

好不容易把总结收齐了，唐僧说了声"走"，就带头上路了。

孙悟空生气地说："我们还没睡觉、没吃早餐呢！"

"睡什么，吃什么？等你们睡好吃饱，天又黑了。以后你们要记住：时间是海绵，要从海绵里挤时间；细节是法宝，要从细节里节省时间。不要老想着让我给你们放大段时间的假。那样的话，你们就要考虑是不是该被炒鱿鱼了。赶紧跟着我走！"

"走，往哪里走？我在这里等候多时了！"忽然前面出现一个妖怪，手里拿着斗大的铜锤，"唐僧啊唐僧，老子看你就不顺眼。今天不把你捉来吃了，就对不住手中这对铜锤。"

孙悟空一看，笑了："好啊，你要吃他，先问问俺手中这根金箍棒愿意不？"

妖怪听了，仰天大笑："哈哈，你的金箍棒本是无敌之物，胜在无拘无束地使用它，让它发挥无穷威力。现在呢，你师父要求你规范化使用它，你的一招一式我都可以了如指掌，你凭什么打得过我呢？"

说完，就和孙悟空战在了一起。

唐僧在后面观战，边看边说："悟空，你可千万记住，不要乱来，要按我告诉你的，每个细节、每招每式都做到位，让妖怪输得无话可说。就算他赢了，也不丢咱们的面子，因为咱们把细节做到最好了，他用的却是粗放式的打法，传出去都没脸见人……"

说着说着，忽然看到妖怪用一只锤抵住孙悟空的金箍棒，另一只锤往悟空身上砸去，一下子把孙悟空打倒在地。

"悟空，不要在意，胜败是兵家常事，只要我们把细节做好了，就输得光荣、败得自豪……"唐僧叫道。

妖怪化成一阵风，飞过来把唐僧从马上一把抓起，往天上飞去。孙悟空急了，再也不管什么细节不细节了，他一个鲤鱼打挺儿跳起来，举起金箍棒，追上妖怪照头上一棒，把妖怪打得脑浆迸裂。

唐僧吓得面如土色，一个劲儿骂八戒和沙僧没保护好自己。回头却发现八戒和沙僧双目迷离，正打瞌睡呢。

"唉，他们本来功夫不好，又一个挑担，一个牵马，够辛苦了。再加上昨晚整夜没睡觉，到现在还没吃什么东西，怪不得没有力气保护我……"

唐僧不禁长叹一声，宣布："从现在开始，所有工作灵活处理，不再拘泥于形成，墨守于成规！"

【点评】·················

细节决定成败，战略决定细节

时下，各种各样关于企业管理的书籍、文章层出不穷，这些作品大多是指导员工如何无条件服从老板、没有任何借口地埋头工作的。

这些作品在社会上风行一时，成为不少企业奉行的"管理宝典"。

笔者认为，这些把员工放在老板对立面，针对员工进行洗脑，甚至换脑的作品，姑且不论其把员工教化成一台台"工作机器"的可悲之处，单只讲其对企业发展、对老板事业进步也为害不浅。

可惜，现在企业界鲜有人认识到这一点，反而一味沉浸在这些作品中，甚至还有不少企业组织员工集体学习，要求员工撰写学习心得，闹得不亦乐乎。

然而，笔者却怀疑，这些企图把员工变成"工作机器"的做法真的对企业有效吗？

众所周知，取得一场战役胜利的决定性因素是战略，而不是战术。同样，在企业界也有种说法，叫"做正确的事，而不是把事情做正确"。

从这个意义上说，只要老板的战略出了问题，员工再怎么认真执行细

节，都难免会出现南辕北辙的现象。

这种情况下，细节执行得越好，对企业的破坏作用就越大。如果细节出了问题，顶多造成局部的失利；但是，如果战略出了问题，那么其结果一定是全盘皆输、一败涂地。

那么既然如此，为何却鲜有人针对老板进行灌输战略重于一切的理念，让其明白自己的决定十倍百倍重于员工的细节执行呢？

这是中国数千年形成的"君本位"思想在作怪。对于领导的决定，没有人敢说个"不"字，如果有人说了，下场一定很悲惨，还会被当做不懂人情世故的傻瓜、呆子，遭人嘲笑。

因此，教员工无条件服从老板的书籍、文章得以大行其道，却绝难见到教老板如何尊重员工意见，告诉老板如何严于律己、多从自己身上找原因的作品。

在这种时代大背景下，不少老板有了理论上的支持，号召员工注重细节时也更有了底气，总是喜欢向员工灌输"细节决定成败"的理念。

任何工作做不好，老板都把责任推到员工没有做好细节上，却从不去考虑自己的战略是否正确。

事实上，在不正确的战略指导下，细节越完美，失败就越不可挽回。战略是统领全局的，对整个大局都有不可推卸的责任；细节只是一种战术，只对局部的成败负责。

比如一家公司的老板，数年前他的公司刚开通网站时，他非常兴奋，觉得自己与世界接轨了。

因此，他对网站工作非常重视，不仅对网站更新作了严格的规定，还要求所有员工每天都要登录网站，在员工论坛发帖。其理由是"公司为大家提供了发表言论、相互交流的园地，大家为什么不利用呢？"

可是，他公司的工作任务实在是太繁重了，许多人没有时间和精力去天天发帖，从内心里也不愿意做这样无聊的事。

可是老板不答应，规定谁不发帖就罚款50元，并要求负责管理网站的人进行统计。

于是，大家不得不在繁忙的工作之余，抽时间上去发个帖子，证明自己曾"到此一游"，算是响应了老板的号召。

然而，这种情况下，上来也只是发个"新人报到"之类的无聊话，没有任何实质内容。

有人对老板这种无聊的要求非常反感，因此借机匿名把对公司、对老板的意见写了出来，洋洋洒洒数千字，发到论坛上，立即引起了广泛的反响。不少人都跟帖讨论，论坛热闹起来了。

不料，网站管理员刚松了口气，老板却把她叫来了，要求她查出提意见的帖子是谁写的。

由于当时网站是匿名发帖，随便注册都可以发帖，所以，网管也查不出来。于是老板就要求网管给所有员工设置密码，每个员工一个密码，每个人都只能凭自己的密码才能注册登录。

这样一来，网管不得不给几百名员工每人配一个密码，并且挨个督促大家通过密码注册。

但是，配了密码后，大家又不愿意发帖了。没人傻到愿意这边发了帖子给老板提意见，那边就被老板通过密码查到自己。

所以，论坛一下子又冷清了。

这一来，老板又不干了，大骂网站管理员工作不到位，细节没有执行好，没把氛围调动起来。

他再次下令对不发帖的人进行罚款，逼着大家去发帖，于是，网站论坛上从此多了许多"今天天气不错，挺风和日丽的"之类的帖子。

大家忙得工作都做不完，天天加班到"末班车发车的时间"，竟然还要抽空去发这种无聊的帖子，在公司实在没时间发的，下班后回家也要找网吧去发，不然就要被扣钱。

员工们恨得牙痒痒，却又毫无办法。

就这样，在这个老板的指挥下，网管的工作细节做得非常到位，又是配密码，又是一个一个找人要求去用密码注册，然后根据密码统计每个人的发帖量，把没发帖的人找出来，通知财务部对之罚款……

虽然把大家(包括网管自己)都折腾得够呛，但是却没有人能说出来做这些事的意义。

在帖子里不敢说真话，说假话有违本意，虽然工作都忙不完，却还要抽空去说假话、违心话，以让老板看到自己每天登录了员工论坛才算是完成任务……

由于老板对员工比较苛刻，所以导致经常有员工辞职另觅发展的事情

发生。

每每有员工辞职，老板都要求网管在结算工资的第一时间把离职员工的密码收回，重设后发给接替的新员工，使离职者无法再登录网站去发帖，说出对公司和老板不满的话。

这样又为网管增添了无穷的"细节"，使网管整天忙得脚不点地。

这样的细节，真是于公于私都有害无益。

要么，老板以开放的心态，让员工敢于说真话，从中听取意见，进行改正；要么，老板如果不愿意听真话，就别假装很开放的样子，弄个论坛给大家发言，而且不发言还不行。

因此，这个网站论坛折腾了一年多，最后终于因为人员流动大，新人来旧人去，密码换来换去不方便，最后连网管都受不了而离开才作罢。

由于论坛长时间没有人维护，成了一些广告垃圾帖的聚集之所。最终，这个公司的网站不得不取消了论坛，也不再要求员工每天去发帖了。

相对而言，地产龙头企业万科集团的做法就有较大的可取之处——万科不仅在员工离职后不取消其在公司论坛发帖的权限，反而专门开辟离职员工发帖说真话的园地，还通过内刊向离职员工约稿，让其说出对公司的看法和建议。

因为万科的领导人觉得，只有离职的员工才没有顾虑，才敢说出心底的话，尤其是对公司的意见和建议。即使这样，有可能使老板和管理层难堪，但却对公司改变作风、提高管理水平不无裨益，不听这样的话实在是公司的一大损失！

而刚才提到的那个老板却恰恰相反，仅仅一个公司网站论坛，就折腾了大家一年多，而且员工只要一离职，第一时间就取消其登录论坛发帖的权限，达到闭目塞听的目的，以为堵住大家不满的意见，就等于大家没意见。

事实上，他永远堵不住大家心中对他的不满。如果真有人想发帖揭露他的黑幕、撕下他伪善的画皮，完全没必要到他的网站去发。因为到各大门户网站论坛去发读者会更多，点击率会更高，影响会更大，何必非到他的论坛为他添人气？

他只是自己做了亏心事，做贼心虚地怕有人到论坛给自己捅破罢了，事实上他根本不明白，员工如果想揭露他，到其他网站发帖会更有效，会把他搞得更体无完肤。

如果明白了这一点，估计他就不会这样做了。

所以，在那一年多的时间里，虽然大家的细节执行得很到位，在种种手段的逼迫下，不少人每天都上论坛发个贴，达到了老板对细节的要求，可因为老板的方向不明，不知道自己想要什么，所以那些"到此一游"、"天气不错"之类的帖子，除了耽误大家宝贵的时间，对工作、对公司、对老板的事业和员工个人的发展都毫无益处。即使把这种细节执行到天荒地老，也没有任何意义。

一个公司就像一艘船，老板是船长，员工是水手。如果船长领错了航向，那么，水手再怎么努力，也无法抵达成功的彼岸。

因此，与其强调水手努力航行的重要性，不如强调船长把握正确航向的重要性。

那些一味强调细节，却不去考虑战略方向的老板，事实上是最不负责任的老板。对员工不负责，对自己的事业也不负责。

在这种老板面前，员工越是听话、越是按其要求去执行细节，越会加速企业的死亡。

就像故事中的孙悟空，如果一直按唐僧的要求，一丝不苟地以每招每式的规范和妖怪作战，最终的结局只能是不仅救不出唐僧，连自己都可能被妖怪捉去，成为对手的一顿美餐！

老板应该换种思路看问题，即在自己战略方向正确的前提下，当然是员工的细节执行得越完美，就越利于公司的发展；然而，反过来说，在自己战略方向错误的情况下，员工把细节执行得越完美，则越加速公司的衰退和死亡。

因此，老板在告诉大家"细节决定成败"之前，更应该检查一下自己的战略是否正确。

作为老板，别忘了时刻告诉自己："细节虽然可以决定成败，但是，战略决定的却是公司的生死！"

贰拾伍

是否外来的和尚会念经

　　唐僧师徒正在为一个妖怪发愁。

　　悟空说："师父，这个水妖太可恶了，他打不过我，就躲进水里，我的功夫在水下又施展不开……"

　　唐僧："是啊，这样的妖怪太可恶了，打不过就出来受死嘛，藏起来算什么好汉！"

　　悟空："师父，要不这样吧，让八戒去水里和这妖怪打，把这妖怪吸引上来，只要他一上岸，俺就……"

　　猪八戒正在吃饼干，一听急了："你这挨千刀的猴头，又让我去当诱饵，不干，俺不干，万一俺下去了上不来咋办？"

　　"哎，怎么会呢？你是天蓬元帅，会游泳，下去不用和妖怪在水下决胜负，只是把他引出来就行了！"悟空说。

　　"不行啊师父，你看，我正在吃饼干，进到水里，饼干都湿了，怎么吃啊？"八戒向唐僧求救。

　　"是啊，悟空，不能让八戒去。"唐僧说，"他没你那本事，进去很容易被妖怪捉住的，那样的话，你又得再下去救他。所以，还不如你直接下去！"

　　"喂，我不是说过了吗？我虽然陆地和空中的功夫了得，但水下功夫有限，下去和这个水妖打是占不到便宜的，弄不好得把我自己也扔进去！"

　　"悟空啊，做人要厚道！"唐僧正色道。

　　"喂，俺老孙哪里不厚道了？"

"你说你水下功夫有限，骗得了别人，却骗不了为师。"唐僧抽了一口烟，"你曾经到东海龙宫大闹过，连龙宫都敢闯，却说自己水下功夫有限，你当师父我是三岁小娃娃啊？"

"哎，师父，那龙宫和这妖怪不是一回事啊！龙宫里没什么高手，又不是性命相搏，龙王当然对我容忍三分啦；可这妖怪，是要和我们决一生死的，他自然会全力以赴，拼个鱼死网破……"

"好啦，你别说了，为师自有分寸。你不去就是不忠心，你不忠心，我就要念咒！"

孙悟空无奈道："好，别念了，我去，我去还不成吗？"

孙悟空跳进水里，来到妖怪的门前，妖怪吐出一张网，一下把他网住了。

"哈哈，齐天大圣，你好啊，没想到你也有今天！"妖怪哈哈大笑着，把网收起来，"你先在这儿待着吧，我去把你师父抓来，你们就可以团圆了。"

"省省吧你，要是在陆地上打，再加两个你也不是俺的对手！"孙悟空道。

"那是，可是你偏偏跑到水中和我打，这不是自投罗网吗？哈哈……"

"唉，都怪那该死的贼秃，真不是东西！"悟空气极骂道，"害得俺老孙一世英名毁于一旦……"

唐僧不知道这些事，还在岸上等着孙悟空把妖怪捉上来呢！

这时，有个化缘的和尚路过这里，看到唐僧，问道："这位师父，你在这里干吗呢？"

唐僧说："看抓水妖呢！"

"哦，抓水妖啊？"那和尚有点惊讶，"这个水妖可厉害了，一般人不是对手！"

"没事，我大徒弟孙悟空下去了！他最会捉妖除怪了。"

"大师此言差矣，这个河里的水妖，非同别的妖怪，他在水里的功夫那是出神入化的，任谁都不是对手。你大徒弟虽然厉害，但在水里恐怕也难以取胜！"

"哎呀，真的吗？那可咋办啊？"唐僧着急起来，"我已经派他下水里去了，万一他被妖怪捉了，我们师徒岂不完了？"

　　"哎，你应该让你二徒弟下水去引诱妖怪上来，由你大徒弟在岸上和妖怪打，这才是对的。"

　　"不错，不错，你的主意真是不错。"唐僧赞不绝口，"要是我那大徒弟有你这么聪明，就不会这样了……"

　　沙僧听不下去了，顶撞道："刚才大师兄也是这么说的，你是咋回答的？你说再不下去就念咒儿，咒他断子绝孙……"

　　"哎，你大师兄虽然功夫厉害，可他太不会说服人了，他有正确意见，应该坚持说服我嘛。像这位法师，来到几句话，就说服我了……"

　　"老贼秃！"那和尚忽然现了原形，指着唐僧怒骂，原来他是孙悟空变的。

　　只见他怒目圆睁继续骂道："你这个老贼秃，从来信不过自己人，总以为外来的和尚会念经。同样的主意，我说出来你就不信，外人说出来就信，活该你倒霉。老子刚才在水里被妖怪捉住了，使变身术逃出来的。你就当我没逃出来，还在水里面被妖怪困着，等下妖怪上来捉你，看你怎么办！"

　　"悟空，别，别这样……"唐僧着起急来，"我知道你神通广大，一定能打败妖怪的。"

　　"你就当我没逃出来，大不了我再逃回去，到妖怪的罗网里睡一觉，这边就交给你了。看你以后是信外来的和尚还是信我们这些内部的和尚！"

　　悟空说完，一个猛子又扎进了水里……

【点评】

要重视"外脑"，更要重视内部智力资源

　　现实生活中，不少老板都喜欢听信外人的意见，对内部员工的意见从来是置之不理，甚至认为他们不具备提意见的能力。

　　类似孙悟空向唐僧提意见被否决，外人提同样的意见却被采纳，而且

还得到重奖的事情，在现实生活中时有发生。

比如笔者在一家公司工作时，因为老板缺乏诚信、用人不当等原因，公司经营出了问题，不少人都向老板提议，提出了自己的解决办法。

这些办法不外乎改变现有的经营方式，诚信待人、坦诚做事，与经销商和员工共赢等等。

然而，大家的意见到了老板耳中，全成了耳旁风。他认为这些都是老生常谈，没什么新意，就连中学生都会说这样的话，你们说出来又有什么意义？

而他自己冥思苦想也找不到既有新意、又有意义，还能解决问题的办法，于是就把目光投向了外面的专家。

在朋友的介绍下，有几个营销专家先后对他提出了大致相同的意见，老板却觉得如获至宝，感慨听到了金玉良言。

于是，老板召开员工大会，让专家们与全体员工面对面进行沟通、交流，希望这些专家能为员工洗脑换脑、重振员工的士气。

然而，当员工发现这些专家所说的方法和手段，事实上和大家当初对老板提的建言差不多的时候，就有人当场问老板："为何我们内部员工提出的和这些专家大致相同的意见被弃置一旁，而这些专家提出来，他却如获至宝呢？"

老板的答复是："因为他们说服了我，而你们没有人能够说服我！"从而轻易地把责任推到了员工的身上。

事实上，那些专家之所以能用同样的观点"说服"他，并不是专家的说服力强，员工们都不会说话，而是因为老板和他们接触之初，就是抱着求教的心态，对他们是仰视的。因此，他们提出来的观点，老板都是认真在听，并且只要找不出充足的理由反驳，是都不能不认同的。

而对于内部员工则完全相反。在内部员工面前，老板一直是居高临下地俯瞰，想让他认真倾听员工的意见，几乎是"不可能完成的任务"。

因此，虽然内部员工免费为他提出了同样的意见，他却连听下去的耐心都没有，就一概否决了。

当有人就此提出质疑的时候，他为了自己的面子，不肯承认自己的错误，就只好用员工说服不了自己来搪塞。

同样的事例还有很多。比如，公司策划部的同事博采众长，并结合公

司情况做出的策划方案被他否决，还大骂策划部没有创意。最后，又是从外面请来策划公司的"策划专家"，该专家到公司走马观花一圈，回去没几天，交了一份洋洋洒洒的策划方案，获得了老板的高度认同，并顺利领走数万元的策划费。

"策划专家"拿了钱离开后，老板召集策划部同事开会，把"策划专家"的方案拿出来，要大家向人家学习："看看人家，这方案就是与众不同，你们还别不服气！不服气就拿出这样高水平的方案给我看！"

曾经提交过方案被否决的一位策划部同事拿过来翻了翻，告诉老板："这几万元钱白扔了。因为这里面的内容全是从一本书中复制的，只是把书里面的公司名称换成了我们的公司名。"

说着，到自己办公桌上，拿出了一本书，递给老板。

事实证明，这份数万元买来的方案，就是从这本书中原文照抄的，只是把书中案例的公司名称换成了该公司的名称而已。

数万元策划费无法追讨，老板除了骂几句人别无他法。而如果让他给公司的同事加一百元的工资，他都会心疼不已。

为何会发生这样的事情？

究其原因，皆因为有些老板对内部员工不够相信，总觉得人才在别处。殊不知，在外人看来，他自己的团队才是藏龙卧虎，人才济济。

就像唐僧的取经团队，唐僧似乎从来没有觉得手下的几个徒弟是人才。但是，在所有外人的眼中，孙悟空是名震天下的"齐天大圣"，是"跳出三界外，不在五行中"的大英雄，就连猪八戒、沙和尚也都略有威名。

遗憾的是，唐僧从来都是把孙悟空当成个"猴头"看，从来不尊重他的意见。甚至经常无端责骂、惩罚于他，以至于弄得走了许多原本可以不走的弯路。这主要的原因就是他根本没认识到孙悟空的价值，认为自己手下是不会有人才的。

在不少老板的眼中，人才，总是在其他的地方——就像唐僧一样，哪怕那些曾经是孙悟空手下败将的天兵天将，唐僧见了也都是跪拜不已。而对孙悟空却横挑鼻子竖挑眼。

殊不知，那些天兵天将在孙悟空面前，都不过是一个普通的神仙，他们见了孙悟空都还要恭恭敬敬的呢。

唐僧这样不识才没有关系，因为他有上至佛祖，下至唐王给他撑腰，但是，现实生活中的老板如果也这样不识才可就大有问题了。

如果你手下恰巧有类似孙悟空这样拥有过人能力的员工，你不尊重他，使他改投竞争对手门下，或者自立门户成为你的竞争对手，那么，请再多的外来和尚，也不会念得好你的经了。

以刚才说到的那个老板相信的"策划专家"为例，笔者后来也曾经在一家策划公司工作，了解到一些策划公司的内幕，他们中有些人确实只是"剪刀加糨糊"拼凑出的文抄公而已，并不是老板们认为的"高水平策划专家"。

由此可以看出，所谓的"外来的和尚会念经"，所谓的"专家型智力公司"，除了一些优秀的专业人士，许多所谓的专家、大师，都只是挂着羊头卖狗肉的社会垃圾。吹牛、欺骗，无所不用其极，水平(尤其是道德水平)甚至连普通人都比不上。

对于热爱偏听偏信"外来和尚"的老板而言，这实在是件发人深省的事情。与其相信那些"外来和尚"，还不如相信公司内部的普通员工来得实在！

因为前者可能骗你一笔昂贵的策划费却没有为你做出任何实事，甚至耽误了你的时间，为你造成了巨大损失；而后者，则往往是帮你做了实事，也未必要你付给他们昂贵的费用。即使老板自愿给些奖励，也不用担心对方拿了钱就跑，出了问题却找不到人。

换个角度来说，"外来的和尚"即使再有本事，也只是走马观花对企业提一些表面的肤浅建议。因为公司是死是活对他们而言根本无关痛痒，其对公司的热爱程度也远远不如在公司长期服务、对公司了如指掌、希望与公司共同发展的员工。

因此，聪明的老板请珍惜并善待你手下的员工，从中挖掘人才好好利用吧，他们才是能够永远为你助力的孙悟空。"外来的和尚"别说是骗子，就算是"真和尚"，而且很优秀，也只能保得了你一时，却保不了你一世！

关心员工

　　这一天，唐僧师徒正往前走着，忽然，有几只猴子追上了他们。

　　其中一只老猴说："大王，大王啊，自从你去西天取经，好几年没回来过春节。今年俺们琢磨着，你工作忙，没空回来，所以俺就带着你最喜欢的这几个猴子猴孙来和你一起过年……"

　　孙悟空闻言喜不自胜："太好了，太好了，俺正愁着见不到你们呢，你们就赶上来了。路上舟车劳顿，辛苦了。"

　　正说着话，唐僧过来了，问道："悟空，这些是谁啊？"

　　"啊，是我的猴子猴孙们！"悟空边走边对猴子们说，"快叫太师父！"

　　"太师父好！"猴子们恭恭敬敬地向唐僧请安。

　　唐僧哼了一声对悟空说："他们跟着你会影响工作的，你要处理好工作与生活的关系啊！"

　　"我会处理好的。你放心，师父。"孙悟空笑逐颜开，"他们来看我，省得我排队买车票回去看他们了，节省出来大把的时间刚好可以用在工作上啊！"

　　"哼，你光想着你自己，怎么不想想他们在这里，你会有心工作吗？你不会想着要带他们去哪里玩，哪里有好吃、好玩的？再说了，八戒、沙僧会怎么想？白龙马，还有这行李会怎么想？"

　　"关他们什么事啊？"

　　"怎么不关他们的事呢？都是师兄弟，可是，你的家人——不，家猴在这里陪着你，你们热热闹闹过猴年、说猴话、吃猴食、玩猴戏，可他们呢？他们一个人孤苦伶仃的，多可怜。尤其是八戒，每逢佳节倍思亲啊，他放着高老庄庄主的乘龙快婿不做，抛下高玉兰小姐，跟着我们去取经……"

孙悟空不服："这么说我还有错啦？"

"可不是咋的？"唐僧一脸严肃："大家都是为了一个共同的目标走到一起来的，我们的目标是去西天取经，而不是为了和家猴、家猪们卿卿我我……"

"那他们找我来了，你说咋办？"悟空火了。

"咋办，你让他们走就是了。他们本意是来看你，这看也看到了，为什么还不走呢？再说了，不走，我们还得管饭，还得管住……"

"原来是为了这个，你早说嘛。"孙悟空道，"俺不让你管吃，也不让你管住，这总行了吧？"

"那你让他们吃什么？"

"俺自己去给他们化缘来吃，总行吧？"

"那不行！"

"为什么？"

"你是我的徒弟，化缘是你应该给我干的工作。换言之，你化的缘，原则上都是属于我的，应该由我支配，所以你化来的缘给他们吃，就等于我在管他们吃饭……"

"你还真不要脸了。"孙悟空大怒，"那俺利用下班后的时间去化缘总可以吧！"

"那也不行，因为我说过了，你化来的所有食物，都是应该由我支配的。换言之，你养活我是应该的，养活他们就不应该！"

说完，唐僧对着那些猴子一挥手："你们来看望孙悟空，现在看到了，知道他在我这里平安无事，你们可以走了。"

"呸，见过不要脸的，没见过这么不要脸的。"猴子们唧唧喳喳地骂了起来，"什么叫平安无事？要不是俺家大王在这里护着你，你有八百条命也早完蛋了，听你这么说，还似乎是你保护着俺家大王似的。"

"大王，咱不跟他干了，咱回花果山去，自由自在……"

"大胆！"唐僧喝道，接着就念起了紧箍咒，"%！Ｙ……・——……"

孙悟空立即头痛欲裂，急忙大叫："师父莫念，师父莫念，俺让他们都

回去还不行吗？"

说完，忍着头痛对那些猴子猴孙说："你们快回去吧，俺遇上这个混账老板，一时半刻是回不去了。等俺把他送到西天，就辞职回去，到那时，他用八抬大轿来请俺，也不跟他干了。"

猴子们无奈，只能悲悲切切地离开了……

【点评】................

善待员工的家人

有些老板对员工不好，对员工的家人更谈不上好。甚至大言不惭："公司没有帮你们养家的义务。"

笔者曾经经历过一家公司，公司一位员工因为家里出了病人，生活遇到困难，全公司的同事都为他捐款，可是老板却一毛不拔，还多次在员工大会上公然表示："公司与员工的关系，是利用与被利用的关系。当你对公司没有利用价值的时候，就是要考虑离开的时候了。"

因此，他才不会管员工的家庭遇到了什么困难，不会去理会员工的生活是否过得好、有没有需要公司帮助解决的困难。在他眼里，员工就是一台机器，一台帮自己赚钱的机器。就像在唐僧眼中，孙悟空就是一台帮自己化缘、并保护自己的机器一样。

广州市纵横集团有限公司是以"房地产开发、物资经营为主，工程建筑、公寓经营为辅"的大型实体机构，这家公司有一项特殊的"探亲管理"制度。

和普通公司给员工放探亲假回家探亲不同的是，他们的"探亲管理"是针对员工家人的，即在公司服务超过一定的年限，做出了一定的成绩之后，由公司出资将其家人从故乡邀请到广州，一方面游览广州，一方面参观公司、了解员工的工作和生活，使之对远在广州工作的孩子放心。

这样，虽然公司为此支付了一定的费用，但是，其收获却是显而易见的：一方面促进了员工家人与公司的感情，使之对公司更有认同感，另一方面也使员工认识到公司对自己的尊重延伸到了家人的层面，更深切地产生"以公司为家"的忠诚感、使命感。

而笔者经历的那个老板，面对公司员工家里急待救治的病人都能置之不理，试问一下，这种公司的员工会安心地努力为他工作吗？

这个公司后来又发生过有人因为家庭原因请假回乡探亲，请了一个月的假，因为是月中请假，所以分两次扣工资，但每次都扣了一个月，共被扣了两个月工资的事。

员工为此事找公司财务部理论，公司财务部竟然要求他写出事情说明，以便向老板汇报，说要等老板批示后才能解决。

本来应该由公司向他作出解释并积极解决的事情，现在竟然变成了要由他向公司解释才能得到解决。

最后好不容易把事情解释清楚了，老板告诉他："这是工作上的疏忽，不是公司故意多扣你钱。"

之所以造成这种"误扣"，他给出的解释是："你请假条上写的是请假一月，又是月中写的请假条，所以，当月发工资时就按你请假一个月扣了工资，而你的假期延伸到下个月的月中，所以到了下个月，一看你的请假条，写的是请假一月，所以自然就又按一个月扣了。你放心，公司不会多扣你钱的，下个月就补给你！"

解释虽然还算说得过去，但一方面反映出公司管理的混乱，一张请假条能扣两次钱；另一方面，虽然是工作上的疏忽导致的错误，但是这个公司从来没有因为工作上的疏忽多给员工发过哪怕一分钱，而发生的都是类似因为"疏忽"多扣工资的事。

这种老板，别说让他请员工家人前来探亲，或者为员工回家探亲支付费用了，就是员工自费回去探亲，都会被有意无意多扣工资，实在是对员工与家人亲情缺乏应有的重视。

因此，这个员工虽然拿回了多扣的工资，但对公司和老板不仅没有感激，还充满了鄙视和不满之情。

就像故事中唐僧对前来探望孙悟空的家猴们表现出明显的不友好，导致孙悟空对他也失去了忠诚和信任。从此，孙悟空便把工作当成了应付，而不再当做一种神圣的职责。当老板以什么态度面对员工及其家人，员工

就会反过来以同样的态度对待老板及工作。

一个老板，如果不仅尊重员工的劳动，也尊重员工家人和员工与生俱来的亲情，把员工的家人请到公司参观，进一步了解公司，提高其家人对公司的认同感，那么，即使员工以后遇到其他待遇明显高出公司的诱惑，也不会轻易离开公司。

即使其有意离开，其家人也会劝其慎重考虑：你离开这个公司，是否还能再遇到这么好，不仅善待你，还善待我们家人的老板？

在这种情况下，老板即使想让员工不安心工作，恐怕都不太容易办到。当老板从感情上与员工及其家人打成一片的时候，你完全可以不再监督他们，他们都会认真仔细地把工作完成，甚至完成得超出你的想象。

反之，像前面提到的那位不尊重员工，更不尊重员工对家人和亲情的情感需求，动不动就高喊"公司和员工是利用与被利用的关系，公司利用你们做业务，你们利用公司挣工资"的老板，是不可能得到人心，更不可能有大的发展的。

毕竟，如果单纯是利用关系那么，作为一个活生生的人，走到哪里都能找到被利用的机会，不是非得在这样的老板麾下受利用的！

果然，过了没有多长时间，员工们就纷纷倒戈，离开了这家公司，有的甚至还在离开的时候把业务关系带走了。

从此，这个老板成了孤家寡人，公司业务大受影响，很快便破产了。

只是，不知道这时候，他是否明白了，像他不具有帮员工养家的义务一样，员工们也不具有帮他发展事业的义务！

客观对待下属兼职

这天，孙悟空收到一封信。

打开一看，是妖多国的国王寄来的，信中夹了一张聘任书。原来，他们听说孙悟空擅长降妖除魔，所以，想请孙悟空兼任他们妖多国的除妖队长一职，在需要的时候，帮他们降妖除魔。

听说这事，沙僧非常高兴，说："大师兄声名远播，是我们团队很好的宣传窗口啊！"

八戒也很羡慕，说："要是有哪里请我做兼职，我会立即答应的。这是多么风光的事情啊，而且还有外快拿！"

正说着，唐僧踱了过来："你们在讨论什么啊，这么热闹？"

"师父你看，大师兄收到妖多国的聘书，让他当除妖大队长啊！"八戒赶紧汇报。

"哦！"唐僧的眉毛拧成了一团，"他去当除妖大队长，我们这里怎么办？"

"嘿，师父，你别担心。"沙僧解释道，"看，人家只是想让大师兄兼职。主职嘛，还是跟着师父走，为师父除妖。所以说只是在那边有需要，而且这边又没事的时候，甚至是利用下班后的时间去！"

"那也不行。"唐僧厉声说。

"哦，为什么？"孙悟空问，"我们这一路走来，也没少干帮人家除妖的事情。事情都干了不少，还在乎人家发个聘书、给个称号吗？"

"嗯，那不一样。"唐僧道。

"师父，有什么不一样啊？"八戒不解地问。

"这中间的不同大了去了。"唐僧说道，"你们跟着我一路西行，遇妖除妖，见魔降魔，这功劳记谁头上了？虽然在内部看，是记你们头上了，但在外界来看，是记在为师我的头上了！因为大家都会说，三藏法师带着几个徒弟来除了妖怪……"

"师父英明！"八戒听了鼓掌说，"我以前还以为大师兄功劳最大，现在听师父一说，原来功劳最大的是师父！"

"对。"沙僧接着道，"要不，师父能这么反对大师兄兼职吗？大师兄兼了职，以后人家说起来，就说成是大师兄的功劳了，师父没什么好处，面子上也不好看，当然要反对了。"

"不过，兼职其实对我们整体都有好处。"八戒沉吟着道，"所以我说，如果有人找我兼职，我立即就干！"

沙僧问："有什么好处？"

"首先，可以让自己得到更多的锻炼，比如我们平时和妖怪打，都是取经路上遇到妖怪时才有动手的机会，如果兼职为其他地方除妖，就多了一些练习的机会，提高自己的除妖水平；其次，可以有一份额外的收入，可以改善生活，按理说，在不影响正常工作的情况下，适当兼职不仅无害，还有益呢……"

"闭嘴！"唐僧扔了只枕头过来，"八戒，没事去睡觉吧，别在这里乱放厥词。"

说完，唐僧又对孙悟空说："任何一家公司，都不能容许员工在外兼职。因为完成本职工作之余，可以钻研一下业务，让业务更精通，或者帮其他同事做些事情，让自己发挥更多光和热嘛！"

"师父不对啊，你说完成本职工作之余可以钻研一下业务，我的业务就是降妖除魔，适当的时候，我去帮妖多国打打妖怪，也算是在钻研业务嘛！"

唐僧："那怎么能算是为我们自己钻研业务呢，你那是为妖多国钻研业务嘛！"

"我吐！"孙悟空说，"那么，作为老板，你有没有考虑过对于精通业务的员工增加一些福利待遇，对于帮助其他人完成工作的员工提高其职位，对于不能胜任的员工进行恰当的处置，从而给有能力的员工更大的发展空间呢？"

"这是另外一个话题，悟空。你想，你们作为同事，能力强的帮能力差的做点事，这样斤斤计较多不好。虽然多劳多得的口号喊了很多年，可是，何时真正实现过？你看，老板永远没有员工做得多，可是永远赚得比员工多得多……"

"我晕！"孙悟空说。

"别晕啦。"唐僧笑了，"别看为师啥都不会，但是，你们做的哪件事，少得了记在我的功劳上？这就是现实！太认真对自己不好，真的不好。"

"那，这个兼职我做还是不做？"

"嗯，到时人家如果来找我，我会让你去做。为什么？因为我不会捉妖啊，最终还得你出手；可如果人家是直接来找你，你就不能去做。"

"师父，这是为什么啊？"沙僧迷惑了。

"为什么？这不明摆着吗？因为你去了，为师没有好处嘛。"唐僧说，"兼职嘛，本是没什么所谓的。但是，如果不通过老板，直接去兼职，那就是无组织无纪律，犯大忌了。"

"好的。"孙悟空在心里发狠道，"大不了到时你让我去干，我装病推辞不去，也胜过好处你得，干活靠我！"

【点评】

兼职的下属往往都是优秀的下属

许多公司都有不许员工兼职的规定，理由很冠冕堂皇：一是兼职会影响本职工作；二是兼职不利于培养员工对企业的忠诚；三是兼职很容易使员工展翅高飞，把兼职变成专职，炒了公司的鱿鱼……

凡此种种，不一而足。甚至有些公司规定，员工不许自己写文章发表，其实这是明显违反宪法关于公民有言论自由权的规定。

老板这样做，目的不外乎一个，就是让员工只能吊死在自己的一棵树

上，想在外边有所发展，对不起：公司规定——不允许！既然你在公司工作，就要接受这个规定！

然而，当公司老板和外面的同行老板达成某项协议之后，通过老板把兼职的活儿接回来给员工做，老板就不仅不反对，还大力提倡，号召员工要努力认真地做好。

换言之，就是通过老板接到的兼职，你必须做，而且还得做好；可如果你没通过老板，自己直接得到的兼职，那么对不起，你不能做！

如果硬做，老板就会以你没有职业道德、接外活为由找麻烦，甚至开除。

比如笔者曾经在一家地产策划公司工作，在没进这家公司之前，笔者在全国各大报刊发表了大量文章，有些还获了全国大奖，拍成过电视剧。因此，虽然笔者当时对房地产一窍不通，连最起码的术语都不懂，但是，这家地产策划公司仍然通过笔者这些作品，认为笔者的文笔不错，特别录用笔者为其编撰"地产专著"。

然而，进入公司之后，却一篇文章也不许在外面发表。笔者初进公司时并不知道这条规定，便将利用业余时间创作的文章发表了。后来被老板和管理人员看到，就立即找笔者谈话，很严肃地指出这是没有全心全意为公司工作的证据，算是兼职行为，要进行处罚，以观后效。

笔者当然不服，义正词严地据理力争，甚至差点搬出宪法，才避免了被罚款的处罚。

而后来，老板因自己的私事，深夜打电话给笔者，要求笔者迅速写出一份他所需要的文件。而当笔者以现在是自己的休息时间，而且这些也不是公司的工作内容，属于兼职予以拒绝的时候，老板竟然说道："老板安排的事，都是公司的工作内容，怎么会不是工作内容呢？大不了你可以在上班时间写，这样总可以吧？"

由此可见，是不是兼职、是不是为公司本身工作并不重要，重要的是，它对老板有没有利。如果对老板有利，即使是和工作八杆子打不着的事，老板也会让你去做，而且不做不行。

反之，如果对老板没利，只是对员工自己提高能力或增加收入有利，即使是和工作有关的事情，老板也会极力反对。

这种貌似理由充分，其实既不合法也不合情理的规定，客观上是在限制员工的发展，让员工只能为本企业服务。

换言之，就是只许老板成功，不许员工成功。因为通过老板指派的兼职，钱是老板赚了去，好处是老板落了去，而活儿呢，照样全是员工来干。

而如果是员工自己找的兼职，则恰好相反，员工除了通过兼职提高了工作能力，可能把以后的工作做得更好之外，对公司和老板并没有直接可观的好处。

2008年热播的电视连续剧《李小龙传奇》里，李小龙所供职的嘉禾公司老板邹文怀却恰恰相反。

邹文怀对李小龙求贤若渴，主动找到他，表示希望与他合作。

当时的李小龙还只是个普通的武师，并没有崭露头角。因为他的华人身份，在好莱坞闯荡的他被制片方看不起，因此四处遇挫。

邹文怀为了让李小龙与自己合作，为自己的公司拍戏，不惜答应李小龙提出的堪称苛刻至极的条件——投资是其他电影投资的数倍，让李小龙拥有和导演一样的权力，允许他现场改剧本……

总之，就是一切放权给李小龙，有时候甚至连老板邹文怀都得听李小龙的。

对于当时在好莱坞正处于失意状态的李小龙而言，这些条件堪称优厚到了极点。在他之后哪怕最当红的一线明星，也没有投资方同时满足这些条件与其合作，更何况当时的李小龙只是一个在好莱坞失意的普通武师呢？

由此可见，邹文怀是真的慧眼识英才，同时又甘当人梯，愿意助人成功。

当李小龙终于答应与他合作，却与导演意见不合、一山难容二虎时，邹文怀又答应他牵头另立班子，让他既当编剧，又当导演和主演，完全放手给李小龙去干，从而为李小龙的成功创造了最好的机会。

当李小龙主演的第一部电影《唐山大兄》取得成功、轰动全港并在国际上都产生了重大影响之后，当年拒绝他的好莱坞电影公司慕名找上门来，希望与他再续前约。

这时，邹文怀不仅不反对李小龙"兼职"为好莱坞电影公司拍片，相反，还主动为其创造更好的兼职条件。

邹文怀主动帮助李小龙自组公司，让他以公司老板的身份与好莱坞合作，这比让他以一个自己公司员工的身份与好莱坞合作相比分量不同，自由度、发挥的余地以及可能获得的报酬当然也不同。

李小龙是世界一流的"七大武术家"之一，然而不容否认的是，造就他全球性巨大影响力的，不是别的，而是电影，是邹文怀为他创造的电影世界，如果没有电影这个载体，李小龙的功夫不会这么快风靡世界、使他迅速在全球范围内成名。

和李小龙实力相近的另外六大武术家，在社会上鲜有人知道名字，知名度与他相差一大截，就是明证。

然而，回过头来看，李小龙的成功难道仅仅是他自己的吗？不！李小龙成功了，在四部票房频创新高的电影之后，邹文怀的嘉禾公司也获得了巨大的收益和成功。

而且，李小龙即使在好莱坞取得成功、成为世界功夫巨星之后，也并没有忘记老东家邹文怀。直到去世之前，李小龙还在与邹文怀沟通工作，谈下一部电影的拍摄事宜，而不是像笔者认识的那位影视公司老板所认为的："手下员工成功了，就会离自己而去，使自己一无所获。"

事实上，如果这位老板手下有员工在取得成功后离开他，应该反思的是他自己他应该好好想一想人家为什么在成功后离开自己，而不应该为了防止人家成功后离开自己，就干脆扼杀所有员工成功的机会。这无异于因噎废食！

由于邹文怀继成功打造了巨星李小龙之后，又邀请了许冠文、许冠杰兄弟加盟公司，还发掘了洪金宝和成龙，并使之先后成为国际巨星，拍出的影片也一再刷新票房纪录。

所以，原本在香港影视大亨邵逸夫的邵氏兄弟(香港)有限公司打工的邹文怀出来创业后，竟然一跃成为继邵逸夫之后又一影响香港电影业的重量级人物。

虽然邹文怀在社会上的影响力不如李小龙，也比不上李小龙之后的成龙、洪金宝、许冠杰、许冠文等人，但是，谁都不能否认，他是一个成功的老板，是他造就了李小龙、成龙等众明星和嘉禾公司的成功。

邹文怀为李小龙等人创造了成功的机会，虽然不排除他们凭着自己的杰出和优秀，会找到其他成功的机会——就像赵薇在琼瑶的《还珠格格》里找到了属于自己的机会一样，但是，那样毫无疑问会拖延他们成功的时间，如果机遇不好，也不排除被埋没的可能……

事实上，明智的老板不会这样，只要不影响工作，员工发挥自己正当的兴趣、爱好，为自己创造些成功的机会。

公司里如果出了个知名作家，难道不是公司的光荣，不是公司最好的宣传窗口和形象代言吗？

所以，如果是聪明的老板，遇到这种情况，不仅不会反对，反而会大力支持才是。自己公司里越多成功的人，自己才越是成功的老板。如果手下全是失败者，那么，老板有可能会是成功者吗？

因此，笔者觉得，企业的成功，不应该仅仅是老板个人的成功。

具体到兼职上来，如果一个企业不能为员工提供成功的机会，员工在不耽误工作之余，在外面寻找些其他机会，应该给予理解和宽容，明智的老板甚至应该大力支持。

因为一个公司，如果只有老板一个人是成功的，所有员工都是不成功或者无法得到成功的机会，那么无疑，这种企业的成功是不会长久的，这种老板也必然会成为失败者。

因此，希望所有的老板、创业者都能明白这样一个道理：给员工机会，就是给自己机会！

如果自己不给予员工机会，又企图堵死员工自己找机会的路径，那么最终，只能是失去员工，从而使企业也失去发展的机会！关于兼职，如果企业本身有较完善的制度，可以为员工提供适当的发展空间和机会，能够满足员工的成长需要，杜绝员工兼职还是可以接受的。而且这种情况下，大部分员工自己也会主动拒绝兼职。毕竟，如果在公司内有足够的发展空间，能够得到合理的回报，能够满足自己的发展需要，是没有人会愿意过度透支精力甚至生命，为了外面的蝇头小利而失去公司的大好机会的。

但是，如果公司只能给员工以微不足道的蝇头小利，勉强维持温饱的话，而外面的机会却比公司提供的大许多倍，能让员工过上衣食无忧的生活，这种情况下，老板怎么可能限制得了员工寻找外面的机会呢？大不了员工离开公司去投奔新的机会就是了。

因此，那些明明不能或不愿为员工提供空间和机会的公司，如果也通过这种方式限制员工，往小里说，是在限制员工的发展，想把员工掌控于

股掌之间；往大里说，实际上是在扼杀自己的机会，甚至是扼杀人才为社会作贡献的机会。毕竟，不管员工为哪个公司服务，其做出的成绩，对整个社会都是一种贡献！

比如孙悟空本是除妖降魔的好手，一路西行，帮许多地方除掉了妖怪，甚至连猪八戒、沙和尚在被他收服之前都是为害一方的妖怪。唐僧如果以他帮其他地方除妖是兼职为由硬要把他限制起来，不让他发挥这种能力，那么这些妖怪都将无法除掉，甚至连猪八戒、沙和尚都无法收归门下。

因此，员工兼职在明智的老板眼里会是一件好事，这说明了该员工有优秀的、出众的能力，老板应该更加珍惜他，给予其更大的空间和更多的机会。

因此，类似笔者遇到的这种类型的老板无疑是愚蠢而自私的。他自己不为人才提供更大的空间和更好的机会，又企图阻挠人才在外界的发展，那么，最后的结局只能是让人才离开自己。

比如那些为他执笔写"专著"的员工们，既得不到名，又得不到利。名被老板拿去了，利嘛，老板则以写专著是完成"本职工作"、"专著"表达的是老板的观点，所以作者应该是老板为由，拒绝支付奖励。

至于完成"本职工作"所给予的报酬，自然是低得可怜，只能勉强维持温饱。如果有谁根据自己的观点写些文章去外面发表，则又被认为是对公司不忠，在搞兼职……

这种情况下，难怪许多为他执笔写出"专著"的员工先后都离开了。即使暂时没找到机会离开，也会磨洋工，不可能按老板的意愿积极主动地去完成任务，然后去做虽然是公司内但却是其本职之外的工作！

到了这个时候，恐怕老板不"亲自执行"自己的命令，去做具体而琐碎的工作也不行了。当老板陷于具体而琐碎的工作中不能自拔，还谈何带领企业发展呢？

天真热，热得人全身直冒火。这时嗓子眼儿里冒的不是烟，都是碳。

沙僧要求道："师父啊，这么热的天，我们这样赶路，你就不能给我们买几瓶矿泉水解解渴吗？"

"呸！说得轻巧，买水，不用钱吗？"唐僧道。

"你不给我们买没关系，可你看，你骑在马背上，天这么热，白龙马多受罪啊，起码给他点水喝吧！"

白龙马有气无力地点着头，叫了几声，算是响应。

唐僧听了大怒："去，我自己还没舍得买水喝呢，你们倒想得美！知道现在水多少钱一瓶吗？现在物价上涨，水也涨价了。还是到前面找条小河小溪的，咱们在那里凑合着喝几口吧！"

"服了。"孙悟空说，"你还不如告诉我们曹孟德望梅止渴的故事呢，给我们也画一片梅林，让我们……"

"哎，有了。"唐僧忽然一拍巴掌，打断悟空的话对沙僧说，"悟净啊，刚才咱们吃饺子剩了小半碟子醋，我让你收起来了，现在你把它拿出来，让大家闻闻。"

"你又折腾我。"沙僧有气无力地说，"从这一大包行李里找那小半碟醋，你就不想想，汽车发动起步最耗油，我把行李放下再挑起来，要多费许多劲儿呢！"

"那你也得给我找。"唐僧火了，"早就告诉你们，要有执行力，注意执行，我说的话，在你们三个人面前就是圣旨，没有商量的余地。"

"好吧。"沙僧懒得说话了，放下行李，找出了那半碟醋，"师父，你要喝吗？给你！"

唐僧却指了指大家，说："你让大伙都闻一闻！"

"师父，让我们闻醋干什么？"八戒不解。

"闻了就知道了，保管比曹操的望梅止渴还管用。"唐僧得意极了。

果然，孙悟空闻了闻，酸得口水流了有三尺长；沙僧闻了，直叫受不了，太酸了；八戒闻了不够，还拿起喝了一口。

唐僧见状生气了，骂道："你们都说疼惜白龙马，这会儿咋光顾着自己，不给白龙马闻闻啊？悟空，来，把这碟醋给白龙马喝了吧！"

白龙马虽然生气，但不得不无奈地接受，把醋一口吞了下去。

也别说，这醋真酸，别说喝下去，就是闻闻都让人嘴里分泌出大量的唾液，简直比"望梅"还能止渴。

唐僧呢，虽然没闻也没喝，但他只要想想那酸得让人倒牙的感觉，就满嘴流唾液了。望望徒弟们不再吵着要买水了，他心里非常得意："嗯，这办法不错，比买水划算多了。"

为了让徒弟们接受这个理论，他给徒弟们大讲起闻醋止渴的好处来："买水要花钱不说，喝了水，还得撒尿，多耽误时间。要是在撒尿的时候被蚊子什么的叮到就更不好了。而我们闻醋呢，只是闻闻，用不着撒尿，就不会被蚊子叮到了……"

孙悟空埋头往前走着，懒得搭理他。于是，唐僧又向八戒没话找话说："悟能啊，你看，师父这办法咋样，比曹孟德望梅止渴强多了吧？以后你要是成了大作家，记得在写书时给师父大书特书一笔，让师父也名传千古啊！"

八戒点着头，说："好，好的，没问题。师父，你没喝醉吧？"

"没。为师一点醋都没尝，怎么会喝醉呢？我只是在琢磨，等会儿到了有人家的地方，要让悟空去化缘时带个瓶子化点醋来，咱们这一路啊，买水的钱就省下来了……"

刚说到这儿，白龙马一声嘶鸣，把他从背上掀了下来，然后，扬起蹄子，对着他秃秃的脑袋撒起了尿，边尿边说："喝这醋啊，一瓶顶五瓶，效果好，见尿快，这不，就连撒尿，也一泡顶五泡……"

不要对下属太苛刻

2007年10月30日的《新闻晨报》以《郭敬明手下员工群起"叛逃"》为题，报道了著名的"80后青春偶像作家"、当年以版税收入1100万元荣登中国作家富豪榜榜首的郭敬明当上老板后，与手下员工因矛盾引发的集体辞职事件。

虽然报道里公说公有理、婆说婆有理，乍一看双方都挺委屈，但仔细研读，其实不难发现问题所在。

先说员工的工资问题，从报道中可以看出，郭老板手下员工的工资大约在1500元到3000元之间，而他们在中国经济最发达、消费也堪称最高的城市之一——上海。

事实上，别说在一线城市上海，即使是在普通的二线省会城市，每月1500元到3000元的工资水平都算不上高，和他们老板动辄版税年收入上千万元（2006年850万元、2007年1100万元、2008年1300万元、2009年1700万元）、多次荣登中国作家富豪榜榜首的身份并不是太相称。

"首富作家"手下的员工却只有着二三流的工资水准，竟然还经常被拖欠、克扣，用员工的话来说就是："还得吃饭租房，再经常扣，就没法过了。"

这实在有点发人深省。

而"郭敬明辩解，确实没有按时发给员工工资，但那是因为出版社拖欠他的工资"，这和建筑公司拖欠农民工工资的性质差不多：工头儿的理由往往是施工方没给自己钱，所以自己没钱给农民工。

这其中，有些确实是没钱的，但有些却是明明有钱硬拖着不给。

如果是前者尚可原谅，如若是后者，相信每个人都会说，这个老板太无良。

郭敬明这种情况亦然。按常理说，出版社不发给他工资，他没钱给员

工发工资也说得过去。可事实上郭敬明却是顶着"首富作家"的头衔，一年有上千万元版税收入的。因此，要说他没钱，恐怕连傻子也不会相信。

在这种背景下，出版社给他的"主编工资"即使拖延一段时间，对他来说，生活完全不会受到任何影响，甚至可以说完全无所谓。而他手下的员工，却是指望这1500元到3000元过日子的。

这种收入在郭敬明公司所在的上海如果说勉强能够生存，谈不上能生存得多好，相信不会有多少人反对。

既然如此，如果郭敬明拖欠了他们的工资，那么很明显，他们的生活就要受到影响，甚至要靠借债才能生存下去。

郭敬明身为老板，让员工过这种生活，如果他本人确实也在过这种生活，那么什么都不用说，大家同甘共苦嘛。

可事实上，他过的却完全是另一种生活：名车、名宅、名包……用他自己的说法来形容，那是"有质量的生活"。

因此，这就难怪他手下的员工对他如此不满，要"集体叛逃"了。虽然郭敬明是为出版社主编杂志，但是这些员工却是在郭敬明的公司里为郭敬明打工，而不是在为出版社打工。

换言之，他们即使是为郭敬明编那本"出版社的杂志"工作，但他们和出版社之间却没有任何关系，出版社不具有为他们发工资的义务。

员工为郭敬明付出了劳动，报酬理应由郭敬明来支付，而不是应该由出版社支付。所以从这点上来说郭敬明有没有拿到出版社的工资是另一回事，二者不应该混为一谈。

郭敬明手中如果确实没有钱还则罢了，事实上一年版税收入一千多万的他根本不缺钱！

员工的那点工资对他而言，用"九牛一毛"来形容也不为过。

因此，不管郭敬明如何辩解，他在并不缺钱的前提下，欠了员工的工资都是不争的事实。

虽然可能确如他所说，他会"在每一次的外出吃饭、打车、看电影、聚会、唱歌、游玩、去外地旅游时，一声不吭地付钱"，但是这能解决得了员工的生存问题吗？毕竟这些活动不会天天举行，而员工的生活却是天天要过。

事实上，当郭敬明说那些员工忘了自己给过什么，并指出"外出吃饭、打车、看电影、聚会、唱歌、游玩、去外地旅游"都是自己付钱的时候，他忘了他手下的员工最需要的并不是这些,而只是有钱交房租安身,有钱买衣服保暖,可以在肚子饿的时候,能有钱买盒快餐……

换言之,即使他们不缺这些,难道员工和老板一起出去参加活动,打个车唱个歌看个电影什么的,还要员工出钱不成?老板发给员工的工资中有这些补贴吗?

如果有,相信工资就不会是1500元到3000元了吧!如果没有,一月挣1500元到3000元工资的员工,有能力和年收入上千万元的老板比着去花钱吗?

这种感觉就仿佛古代那个感叹老百姓"何不食肉糜"的皇帝一样。那个皇帝如果请大家吃一顿或几顿"肉糜",然后告诉大家,"我都请你们吃肉糜了,你们应该说我是好皇帝才是,干吗还说我是坏皇帝,害得我遗臭万年呢?这多对不住寡人啊!"

因此,看了这个报道之后,就明白他的员工为何群起"叛逃"、使他成为孤家寡人了。

我们的郭老板和古代的那个皇帝差不多,以为请大家"外出吃饭、打车、看电影、聚会、唱歌、游玩、去外地旅游"就可以拖延、扣发工资,让员工可能没钱交房租、可能饿着肚子上班,大家也应该理所当然地认为他是好老板才对!

从这个意义上来说,与其称他为郭敬明,不如称他为"郭精明"才对,因为他算盘打得确实够精的。

其次,再来说说郭敬明在博客文章中的回应:"之前的各种新闻,抄袭也好,奢侈也好,商业化也好,虚伪也好,狂妄自大也好,被人骂不要脸也好,我都从来不愿意回应,因为我知道我身边的人,熟悉我的人会了解我是什么样子的。但是这次,却真的像是石头压在我的心里,很多个晚上都觉得喘不过气来。"

郭敬明的意思是,他一直以为自己身边的人、了解他的人会知道他是什么样子的。言下之意,他认为自己并不像这些指责中所说的那样差劲,所以对于他的种种负面指责,他都不在乎。

但是这一次,他却感到像有块石头压在心里,觉得喘不过气来。这是为什么呢?原来,这次叛逃并指责他的人,恰恰是他认为的"很了解他的身边人",甚至在一定程度上而言,应该是他最亲近的人——包括创业起始就

帮助他的"元老"，以及他曾经的铁杆粉丝……

连这样的人都受不了他的苛刻而"集体叛逃"了，他还不反省自己，却和对方针锋相对地互相指责。这只能说明他根本认识不到自己的错误，相反他还认为自己永远是对的，错的永远是其他人！

至于郭敬明在博客文章中"笑话"离职的员工依旧在自我简介中打着曾为他工作的旗号，则更加值一驳。

人家曾为你工作过就是为你工作过，即使和你打了官司，成了仇人，这都是不能改变的事实。或者说，这是一个人生命的历史。

就像笔者离开了自己以前的老板，并不代表就能改变笔者曾为他们工作的事实。就算他们看到这本书，从中看到自己的影子，主动对号入座，因此闹上法庭，也改变不了笔者曾经为他们工作的事实。

所以，郭敬明笑话离职的员工在自我简介中打着为他工作过的旗号，是没有任何道理的。不管是愉快还是压抑，欢乐还是痛苦，这段经历都是人家生命里的一部分，人家总不能在自己的人生履历中把这一段历史抹去吧！

而郭敬明抛出"为什么只记得我没有给过你们什么，而忘记了我给过你们什么"这样的言论，更显得不可理喻了。

作为一个员工，为老板付出了劳动，最应该从老板那里得到的是工资、是报酬。而这一点你都没有做到，你觉得自己给过他们什么值得他们记住的呢？

你自己，又记住了员工们给过你什么，为你做了什么吗？

笔者曾经在一篇题为《老板的三重境界：企业家、企业主和企业奴隶》的文章中写道：老板的最高境界是对外服务社会，对内负责员工，分享企业发展成果；老板的普通境界是守法经营，赚取财富，独享企业发展成果；老板的最差境界是以赢利为唯一目的，为了赢利无所不用其极，只认钱不认人，彻底钻到了钱眼儿里。

本文中提到的这种类型的老板，恰恰就是老板的最差境界，堪称金钱的奴隶。就算员工瘦得皮包骨，他也要想办法多刮二两油。

因此，如果哪天传出其倒闭破产的消息，我想，所有为他工作过的人，所有认识他的人，以及所有听说过他这些"精明事迹"的人，都是不会惋惜的，甚至都会不约而同地吐出一个词：活该！

压力不一定是动力

在唐僧无止境的折磨下，孙悟空、猪八戒、沙和尚终于受不了了。

这一天，他们走在路上，捡到一张报纸，上面刊登着某某公司加班累死了员工，某某公司员工过劳猝死，某某公司员工不堪工作压力，跳楼自杀……

"哇，这世道。"孙悟空不禁愤怒了，"无良老板太多了！"

"是啊，我们的老板也可以算是其中的一个。"沙僧接口道，"虽然我们还没有累死，可也累得差不多半死了；虽然还没有人自杀，可我老沙早已经有自杀的心了……"

"真的？"悟空问。

"真的。"

"俺也正有此意。"

"大师兄，你功夫这么好，又有那么多猴子猴孙，不像我，功夫一般，又是孤家寡人，你怎么会有自杀的意图呢？"

"唉，人人有本难念的经啊！沙师弟，你不知道，我心里苦着呢。"悟空叹了口气道，"大家都知道，俺老孙上天入地，无所不能。可这个老贼秃就是拿豆包不当干粮，拿俺不当人才。这还不算，还弄个劳什子的金箍儿套在俺头上，动不动给俺念一念咒，弄得俺多没面子。"

"可也是，老贼秃太过分了。这种日子何时是个头啊？"沙僧一边说，一边小心地四处望望，生怕被唐僧听到。

"只要贼秃不死，我们就永无出头之日。可是，他是如来佛祖的弟子转

世，又是如来佛祖指定的取经人，一时半会儿还死不了，所以我才有了自杀的想法。"孙悟空说。

"唉，我们命真苦！"

两个人说着说着，泪眼婆娑起来："如果我们是普通人，如果我们的老板不是如来佛祖指定的唯一取经人，这个问题就很容易解决。我们还可以跳槽，换个老板，跟着新老板去取经。可是，现在我们这样的身份，跟着唐僧这样具有唯一性的老板，连换工作都没可能啊……"

"真不如死了算了。"

说着，他们忍不住气从心来，各自对着自己的脑袋打了一拳，于是，他们倒下就死了。

猪八戒远远看着，也搞不清是怎么回事。等走到近前，发现他们躺在地上睡着了，不禁笑起来："大师兄偷懒，沙师弟，你干吗也偷懒啊？你和大师兄可比不起啊……"

孙悟空、沙僧一动都不动。

八戒探手一摸，吓了一跳："哇，不得了，呼吸都停止了！"

他看到沙僧的手上还握着一张报纸，拿过一看，明白了是怎么回事。想想自己虽然在师父面前吃香一点，可是离了孙悟空和沙僧，自己还有什么资格吃香呢？以后还不是所有的活都得自己干，所有的苦都得自己吃，所有的累都得自己受……

唉，这种日子，真是不敢想象。

猪八戒越想越害怕，越害怕越不敢往下想。看着躺在地上的两具尸体，他忍不住悲从心来："大师兄，你一走，别说唐老倌儿的命保不住，就连俺也活不长了。遇到个厉害的妖怪，就非得被他捉去不可。不行，与其被人家蒸了吃，还不如跟你们一起自杀，咱三人做个伴呢！"

想到这，他抽出钉耙，对着自己的脑袋狠狠耙了几下，也倒在地上，追随孙悟空和沙僧去了。

唐僧骑着白龙马随后赶来，一看，三个徒弟全都倒在地上了，叫都叫不起来，不禁火了："再不起来，我就念紧箍咒了。"

可是孙悟空理都没理他。他很生气，念了一通，结果根本没有想象中的孙悟空抱着头喊痛，反而是那匹白马生了气，把他从背上扔了下来。

白龙马扑到孙悟空的身上大哭起来："大师兄，你走了，我也不活了，跟着这个老贼秃，我看透了，没啥前途。"

唐僧非常生气，正想骂他一顿，忽然，白龙马一转身，跳到悬崖下的万丈深渊里去了……

这下子，唐僧成了孤家寡人，他呆呆地站在当地，傻了……

【点评】

为下属减压就是为管理者减压

这几年，关于员工不堪承受工作压力而过劳猝死、自杀之类的新闻层出不穷，随着大量的报道，不仅严重影响了劳资双方的关系，更进一步影响了企业的社会形象。

在这种情况下，身为老板应该重点考虑的，是如何为员工减轻压力，包括体力和精神上的压力。

然而，现实生活中却偏有一些老板反其道而行之，不仅不为员工减轻压力，反而还以某些公司的员工因为承受不了压力而自杀或累死为例，强调现在竞争如何激烈，号召大家不要放松。理由是：你一放松，就只能被淘汰！但是他却不去讲，如果不适当放松，则很有可能会累死，或因为承受不了压力而自杀！

这种老板通过故意加大员工的压力，尽最大可能剥削员工的剩余价值，弄得员工的工作和生活无法区分，甚至出现了"床垫文化"、"夜总会文化"等等。

这一切都可能导致员工身体和精神无法承受，直至崩溃。

比如笔者认识的一个老板，经常向员工灌输这样一些理念："有压力才有动力"、"有压力不可怕，等哪天，想找压力也没有人愿意给你压力的时候，你就完了"……

他的意思是，如果你不愿意承受压力，公司把你开除了，就没有人给你施加压力了。到那时，你就只能自己给自己压力去找工作了。

因此，在他的公司里，如果有人正点下班，那是非常不好意思的事，甚至只能像做贼一样，偷偷溜出公司。

在这种企业氛围里，有些人明明做完了工作，但为了显示自己不是"闲人"，仍然要在公司里多耗几个小时，从而放弃了与家人或朋友团聚的正常生活。甚至一些员工认识到，平时工作再努力，不如下班多待会儿。于是，他们就在正常上班时间放慢工作进度，然后每天加班，在老板面前博得好感，成为老板的"宠臣"。

在这种情况下，有一天，该老板手下一个部门负责人因为不愿意承受这种无休无止的压力离职了，老板就把她的工作交给另一个女同事。

下午作出这项决定，开会通知了这位同事，然后在散会之前告诉这位同事："今天晚上有家媒体要来采访，到时你和我一起请他们吃饭。"

见到这位女同事面露难色，想表示一下关心，于是就装作很和蔼地问道："你晚上没有其他安排吧？"

他的本意是希望得到肯定的回答，不料，事实恰恰相反，这个员工本来作好了其他安排，而且她也不愿意晚上去陪人应酬，这样会让男朋友误会。

于是，她就委婉地作出了否定的回答："哦，我晚上约了朋友，有点事。"

老板立即换下了和蔼的表象，露出了本来面目，凶狠地说："有事你自己想办法解决，是你个人的事重要，还是公司的事重要？"

只是他没去想想，人家本来是利用下班后的时间去做自己的事，并不是上班时间跑去做自己的事。因此，公司的事再重要，人家也有权拒绝，更何况只是陪记者吃饭这样无聊的事呢？

问题的关键是，这个老板习惯了把员工的生活时间当成工作时间。所以，他一不留神就露了馅，说出了"是你个人的事重要，还是公司的事重要"这样没水平的话。

公司的事虽然重要，但是本来这不是人家的工作内容，只是临时突然安排给人家的，而且又是在下班后的时间，人家本来另有安排，凭什么非得因为你安排了这个新的工作(但工资却没有加)，就得放弃本来下班后的安排？

巧的是，这个女员工本来就打算跳槽，接到了其他公司的面试通知，上班时间请不到假，所以和新公司约好下班后去面试的。因此，这个女员工当即表示：自己不干了！

在这种情况下，老板只能寄希望于其他员工，准备把这个新辞职员工的工作也一并交给其他人。

但是同样的，他仍然是只加工作不加工资，甚至告诉新接手的员工人选："虽然你的工作量增多了，但是先别想着提高待遇，先想着把工作做好、做出成绩，这样才有可能提高待遇！"

这样一来，新接手的员工又拒绝了。

以前这个员工为了"本职工作"的范畴问题和老板发生过激烈的争执，为了限制他，老板和他白纸黑字签过协议，对所有能够想到的让他做的工作作出了严格的规定：

公司所有的文字工作，除了编辑内刊之外，还要完成为公司著书立说、写宣传稿和公司网站新闻、撰写公司内刊稿件、代老板写博客稿、代老板写发言、为老板开会做会议纪录，以及根据情况安排的其他文字工作等等。

同时严格限定了文字量，每个月最少要完成被老板认可通过的三万五千字，否则就要被罚款。

在这种情况下，老板又临时抱佛脚地把两个离职员工的工作交给人家，而且要人家先别想着提高待遇，先想着做好工作。

这样人家当然不干，以"不是自己本职工作"为由，毫不客气地给老板顶了回去。

老板虽然生气，但也无可奈何。开除人家吧，一是这个人是这个部门"硕果仅存"的人，二是合同还没到期，三是许多工作还确实需要这个人。因此，他只能干生气。

对于这个员工来说，他本来已经不打算继续在这里干了，又突然增加了这么多工作，还不让考虑提高待遇，所以，在他眼里，老板已经不再是老板，而只是一个怀里抱着大把工作却分派不下去的可笑的可怜虫罢了。

对这样的可怜虫有什么好客气的呢？你对他客气，他就恨不得喝干你的血！

所以，这个员工在合同期满后，也毫不犹豫地离职了。

由一个人的辞职，竟然连锁反应般引发了三四个人辞职，直到整个部

门空无一人。这事虽然在员工看来是情理之中，但是却大大出乎了这个老板的意料。

这是因为，在这个老板眼中永远只有他自己的利益，而没有员工的利益。所以，他看事物的角度和别人完全不一样。

这个老板最大的失败就是，一味给员工增加工作压力，却从不针对其承担的压力，适当地增加报酬。

甚至在数人离职、工作无人接手的情况下，他还能对自己准备安排接手这些工作的员工说："先别考虑提高待遇的问题！"

事实上，即使他考虑为人提高待遇，人家愿不愿意接手，也还是未知数，更何况还先来一句"别考虑提高待遇"了，真不知道他什么时候才会考虑为员工提高待遇！

因此，他想给员工增加压力的打算一次又一次落空。压力没加成，反而把更多的工作撂下了，可谓得不偿失了。

这种老板真的让人无法理解，更让人无法认同。在他心中，员工不是以生命的形式存在的，而是以机器的形式存在的。

"公司和员工，只有利用和被利用的关系"，他曾在公司内部赤裸裸地喊出过这个口号，其对员工工作的"关心"、对员工生活的漠视由此可见一斑。

甚至如果有可能，他会希望员工永远不要下班，一天用24个小时为他工作。

正是这种老板的存在，为员工造成了巨大的精神压力，甚至发生了一些员工以付出生命为代价，才了结了自己与这种无良老板的"孽缘"。这实在不能不说是一种深深的悲哀！

领导者为什么会被人取代

大家都知道，《西游记》里有一段"真假美猴王"的故事，那个假猴王和孙悟空比起来，无论是外形、心智，还是功夫，都毫不逊色。

当时唐僧屡试不爽的"紧箍咒"也无法将之区分，甚至连天兵天将、玉皇大帝、观音菩萨都辨别不出，只有如来佛祖才慧眼将之与孙悟空区分开来。

由此可见，江山代有才人出。如果不是孙悟空出道在先，谁也无法保证这个假猴王不能像孙悟空那样做出一番轰轰烈烈的事业。

假猴王曾经在孙悟空被唐僧赶走之际假冒孙悟空企图跟唐僧去西天取经，只是因为唐僧正生孙悟空的气而拒绝了他（唐僧的本意是拒绝真孙悟空），假猴王因此恼羞成怒，痛揍了唐僧一顿。唐僧虽然不服，也只能看着他扬长而去，回头把气撒在真孙悟空身上。

事情败露后，假猴王甚至带几个猴子变出唐僧、猪八戒、沙僧和白龙马，企图取代唐僧的取经团队去西天取经。不料，因为孙悟空回心转意，回来和他大战几天几夜，最后找到如来佛祖，他才终于被如来佛祖收服……

而现在，本书中的孙悟空、猪八戒、沙僧和白龙马都已自杀身亡，假猴王自然又有了用武之地。他再次把自己的取经团队召唤出来，大张旗鼓地准备去西天取经，要名正言顺地要取代孙悟空和唐僧去完成这项取经大业。

唐僧听说后大喜，他找到这个猴王说："我是正牌唐僧，你保我去西天

取经吧，干吗非要保那个假唐僧呢？"

假猴王冷笑一声："唐老倌儿，你逼死孙悟空，以为老子就稀罕你啊？别看孙悟空让我吃了大苦头，可我内心还是尊重他、敬佩他的。人家是有真本事的人才，是可遇而不可求的将才。你算个什么东西？离了孙悟空你寸步难行，还装什么大尾巴狼？"

唐僧看这个猴王不像原来的悟空那么好收拾，只好换了一副脸孔，苦苦求道："你知道，我现在走投无路了，只好来求你。求你帮我一把吧，不然我就真的没有活路了。"

"你有没有活路关我什么事？"假猴王手一挥，道："要不是看在孙悟空面子上，我都想把你宰了吃你的肉，看看到底是酸的还是臭的，看看你的心是白的还是黑的。快滚，再不滚我就踹死你！"

唐僧无奈，只好洒泪而去，从此不知所踪。

唐僧一走，假猴王把他的取经团队召唤出来："兄弟们，唐僧那混账东西自取灭亡，我们才有了这千载难逢的好机会，现在我宣布：立即出发，去西天取经！"

假唐僧说："遵命！"

假八戒笑了："喂，师父啊，怎么你听师兄的话啊？这可不大像唐僧！"

假唐僧诚恳地说："不，这样才是正确的。我们不必事事学唐僧，否则，我们也只能像唐僧一样失败。"

假沙僧听了说："嗯，师父说得有道理，而且是真道理。我们不仅要从成功者身上学习经验，也要从失败者身上汲取教训。唐僧的失败虽然是他咎由自取，但是却是我们避免类似失败的一面镜子！"

假悟空大棒一挥，说："说得对！由内行指挥外行，才是最佳的组合。唐僧那个组合，明明唐僧最外行，却偏偏装模作样地指挥内行，用脚趾代替手指，用屁股指挥脑袋。他不亡，天理何在？"

由于唐僧的前车之鉴，假唐僧诚恳地宣布："咱们的队伍一切听猴王的。我的身份只是个摆设，我在队列里，为大家打杂、当下手。大家放心，我们永远不会发生职场战争的！"

于是，新的取经团队踩着唐僧、孙悟空走过的足迹，向前走去……

【点评】

认清失败的根源

在现实生活中，不时有某行业巨头倒下，某行业新贵崛起，或者某巨头倒下，过了数年卷土重来的消息出现。

纵观那些倒下的巨头，无一不是因为用人不当、管理混乱等各方面原因造成的；而那些新贵的出现，则无一不是反其道而行之，用正确的人，做正确的事，通过科学有效的管理，使公司得以飞速发展的！而一些曾经的失败者，又再次成功，也大多是由于相同或类似的原因。

比如以前的"影视大鳄"退出了影视行业，但这并不代表影视行业就没有发展了。相反，更多新的"影视大鳄"涌现了出来。他们的出现使影视市场不仅没有萎缩，反而更加蓬勃。一部电影动不动就收获几个亿的票房；为了争得一部电视剧的首播权，几个省级卫视打起了一场"首播大战"，使制片公司轻松收获了一集超过百万元的历史天价……

而那个只会抱怨市场残酷，使影视公司越来越不好经营的前"影视大鳄"，则退化成了"影视泥鳅"，只能流着泪看行业新贵们的精彩表演，连小小浪花都翻不起了。

这个"影视大鳄"在事业如日中天时曾接受采访，透露过自己成功的秘诀：事实上，他对影视一窍不通，但是他却很会用人，在一个偶然的机会里，他认识了一个大牌明星，并以扔下一沓定金就跑的方式感动了这个明星。最终，这个明星答应帮他，并组建了专业团队。

老板信赖这个明星，完全放手给他们干，自己只是为他们融资，专业的事概不插手。在去剧组探班的时候，他的工作就是为剧组人员买水果、给他们打下手……

这种情况下，他自己轻松，剧组人员也干得起劲。因此，这个明星带领着一班专业人士，在短短的时间内为他拍出了好几部经典的作品，使他取得了巨大成功，资产达到了数亿元之巨。

然而，同样是这个老板，事业成功后却改变了这种作风：任何人都得

听他的，他决定一切，颇有种"君临天下、舍我其谁"的架势，别人的意见对他而言全是耳旁风，他的意见对员工而言，则相当于圣旨……

要命的是，他自己的意见在许多时候并不正确，甚至可以说是极其错误的，因为他并不具备专业知识和能力。

因此，他迅速走上了衰败之路。

如果他自己能静下心来想想自己的这些做法，再拿来和自己起家时的做法比较一下，我相信，不用别人多说，他自己很容易就能找出失败的原因！

因此，如果他愿意改正错误并不困难。难的是不愿意承认自己有错误，甚至不愿意面对自己失败的事实，自欺欺人地活在对过往成功的回忆里。

事实上，对于任何一个老板而言，不管是什么原因造成的失败，都只能是失败，只有面对现实，从失败中寻找经验、汲取教训，才能挽回局面。其他任何遮掩、抱怨都于事无补，只能使你陷入更加失败的深渊！

对于任何一个人来说，失败都是人生中不可避免的经历，即使没有大失败，小挫折也不可避免，毕竟人生不是一场一帆风顺的航行。

因此，失败并不可怕，可怕的是失败后不知该如何改变现状，不愿意面对自己失败的事实，不愿意寻找失败的原因并且改正它。

有着"中国最著名的失败者"之称的史玉柱在2009年12月17日重返发家地，也是伤心地的珠海重建南方研发中心时说："我曾经是一个著名的失败者，我害怕失败，我经不起失败，所以只能把不失败的准备工作做好。"

相对众多失败了一蹶不振，从此销声匿迹的老板，史玉柱无疑是一个另类。他不仅跌倒后再次站了起来，而且又站成了一个新贵。因此，他的话更具有借鉴和参考性：如果你害怕失败、经不起失败。那么，就要提前把不失败的准备工作做好，尽量降低失败的概率。"

而环顾众多失败的老板，其之所以失败，大多是没有作好防止失败的准备，过于乐观地认为自己无所不能、所向无敌，听不得任何人的意见，从而也闭塞了正确意见进来的途径。

因此，一意孤行，无视自己的错误，就会在错误的道路上越走越远。

《西游记》中，即使如唐僧这样深得"最高层领导"（如来佛祖）器重的人，也是难免有被取而代之的危险。

由此可见，任何一个公司、任何一个老板，在缺乏有效机制、缺乏得力人才帮助的前提下，都不可能基业长青、永处顺境。

作为一个企业的老板，应该认识到唐僧式管理中的种种不足和弊端，首先要严格反省自己，看是否有类似唐僧的不足之处，然后再看自己的公司是否有类似唐僧管理团队的弊端，这样才能更有利于企业的发展，才能使企业立于不败之地！

各种各样的企业病严重困扰着许多或大或小的企业，困扰着许多或大或小的老板。虽然各自的情况和问题不尽相同，但是，大同小异之处都在用人不当、管理混乱、奖惩不明等方面。

因此，希望老板们能从唐僧的故事中认真汲取他的失败教训，避免走他走过的弯路。

如此，即使不能成为行业巨头或行业新贵，但是，保持公司不倒、事业兴旺，却不是难事！

成功企业是领导者和下属"共赢"的企业

日前，读到惠州隆生房地产企业有限公司董事长刘小波先生发表的一篇文章《隆生还没有成功》，读后感慨颇多。作为一家立足惠州本土的房地产开发企业，隆生没要政府投资一分钱，历经二十余年风雨，累计纳税五亿元之多，发展为当地的行业龙头，在不少人眼中来看，隆生都堪称一个成功的企业，可是，董事长刘小波竟然还宣称"隆生没有成功"！

再三品读该文之后，笔者觉得这不是刘先生故作谦虚，而是因为刘先生有着更高的追求、更远的目标，不期然地提高了成功的标准所致。

这些年谈成功的书籍、文章、论坛多如牛毛，见惯了不少并不那么成功，甚至一直靠贷款过日子的企业老板自吹自擂的"成功宝典"，乍一见到刘先生谈自己企业不成功的文章，笔者不禁想到这样一个问题：既然这样一家被不少人认为成功了的企业，其经营者还认为企业没有成功，那么，什么样的企业才算成功呢？

对此，也许每个人都会有不同的答案：赚到钱就是成功、企业不亏损就是成功……各人有各人对成功的理解和看法，当然，这些理解与看法也代表了各自的思想境界。

笔者曾写过一篇文章谈老板的三重境界——企业家、企业主和企业奴隶，如果从这三种类型的老板中选一种出来，我觉得，最成功的是企业家，其他两种类型的老板，不管其赚了多少钱、公司做到多大，都不是真正意义上的成功者。

比如以前的远华国际有限公司董事长赖昌星，一度赚了不少钱（据说其资产达到了数百亿元），公司也曾经做得很大，可他现在流亡国外为人打工，随时有可能被引渡回国、接受法律的制裁，他能算是成功者吗？

具体而言，笔者觉得，一个成功的企业离不开下面三方面的成功：

一、企业老板的成功

首先，要明确这样一个事实，老板与企业是息息相关、血肉不可分的。因此，一个企业的成功，离不开企业老板的成功（同理，一个企业的失败，也一定是源于企业老板的失败）。

这里所说的老板的成功，指的是老板为人处世的成功，无论在企业内部还是外部，其都应该是一个备受尊敬、言行如一的人。

有些老板在企业外部一掷千金，刻意炒作自己树立形象，回到公司却对员工原形毕露，克扣、压榨无所不用其极。因此，这种老板即使在外界人看来是成功者，但却不是真正意义上的成功者。

比如笔者曾经历过的一个老板，舍得花巨资在社会上毫不相干的人身上为自己买来名声，比如花几十万元请人为自己写传记，然后花钱买版面，把传记在全国各地愿意刊载的报纸上连载；平时给为自己发表新闻的记者一个红包，就会超过一个普通员工几个月的工资，甚至指使公司财务人员长期为某些配合自己宣传的记者缴付手机费，以便博得记者好感，方便自我宣传，从而在社会上博得了一定的名声。

然而，对于无怨无悔地工作了几年甚至十几年，却一直拿着一千多元甚至几百元低工资的员工，老板从来不屑一顾，永远只加工作量，不加工资。所以，虽然这个老板一个时期内在社会上大出风头，但很快便没落了。

他在社会上获得的所谓的"口碑"，也不过是别人获得好处后，随口给予的赞美之词，不过是逢场作戏罢了，当其离开员工的支持，事业败落之时，那些人得不到他的好处了，便会立刻离他远远的，不会对他伸出援手，助其东山再起。

因此，企业老板如果能够做到在社会上光彩，在公司内部受员工拥戴，那么，这样的老板就无疑是成功的了；如果只在社会上受人尊敬，却被企业内部最了解他的人在内心瞧不起的话，这个老板无论如何是算不上成功的，他的企业也同样是无法长久的。

无数已经轰然倒下的著名企业都是最好的例证——当老板在社会上如日中天之时，其内部员工无处发表意见，也不敢发表意见，最多只能默默地离开公司；在其轰然倒下之后，这些人就开始陆续揭开其内部真相，世人才发现，原来那些被塑造得高大全的大公司、大老板，其背后有着这样不堪的内幕。

二、企业员工的成功

一个企业，只有老板是成功的，还不算是成功。因为，员工也是企业的一分子，如果员工没有获得相应的成功，那么，老板的成功同样是无法长久的。

对这个观点，香港著名的嘉禾电影有限公司老板邹文怀就是最好的例子。他一手打造了李小龙、成龙、许冠杰、许冠文等国际巨星，这些巨星都曾是他公司的员工。

当这些人成功了，邹文怀也就成为了一个堪称伟大的老板，其对香港电影业的发展产生了不容忽视的影响和推动力。即使知道他的人远没有知道那些明星的人多，但却没有人能够否认他的成功。

然而，现实生活中，却很少有这样愿意帮助员工成功、乐于看到员工成功的老板。不少老板都站在员工的对立面，认为员工是分企业利润的，是老板养活了员工，甚至动不动就以炒鱿鱼威胁员工。

笔者认识的一位老板是这方面非常典型的例子——在企业员工家庭发生困难之际，他的做法不是慷慨相助，帮员工渡过难关，而是乘机压低该员工的工资待遇。

因为他认为，中国最不缺的就是人，企业招一个员工很容易，而员工想找份工作却很困难，因此，当员工遇到困难的时候，就更是不敢失业的时候，此时不克扣，更待何时呢？

他的目光盯的是如何尽可能多地让自己手中的利润少分给员工一些，至于员工的生活，却不是他关心的问题。他理直气壮地表示："自己是老板，关心的只是工作！"

然而，员工的生命里却不是只有工作，还有生活！所以，这个老板手下的员工根本不可能在事业上取得成功。当一个人在公司工作，其生活的后顾之忧都无法解决，甚至老板还为其增加后顾之忧的时候，很难想象他会为老板卖力工作。

事实上，绝大多数员工要求的成功非常简单，那就是通过自己的努力多挣点钱，改善家人的生活质量，提升自己的事业空间。用史玉柱的话来说就是："员工的使命就是挣钱养家糊口！"

如果老板能够满足员工这个很合理的要求，让员工得到自己想要的成功，那么，相信很少有员工会不卖命工作的。

虽然不少老板都会说以人为本、人才最宝贵，但大部分却是停留在口头上，真正操作起来，都是以自己为本，把员工的正当需求和合法利益抛在脑后。

这样的老板很容易和员工反目为仇，事业也容易被心生怨恨的员工破坏——当员工找到了其他机会，离开这个公司的时候，只要有可能，带走的可能不只是自己，还会包括客户资源、业务关系等，最终影响的还是老板的事业。

因此，企业的成功如果不包含员工的成功，这样的成功是注定不完整也不会持久的。

三、企业客户的成功

一个企业貌似是由老板和员工组成的，事实上，那只是内部结构，笔者认为，外部的客户也是公司外延的一部分。因为毕竟企业所做的一切都是为了客户，如果没有客户的支持和认可，任何企业都是不可能成功的。

客户是企业产品、服务的使用者和接受者，只有得到了相对满意的产品和服务，客户才算是成功的客户。

否则的话，如果一个客户买了房子，却一遇雨天就漏雨、墙皮三天两头开裂；刚买的产品，用了几次就成了废品；或者有什么情况向公司反映，却被工作人员推三阻四大踢皮球，那么，客户是无法和企业建立良好关系的，甚至会走上公堂、与其决裂的。

而企业为客户提供好的产品和服务，靠的是什么呢？一方面靠老板，另一方面靠员工——只有老板具有这方面的意识，为事业作长久的规划，发自内心地坚持质量和服务至上，客户才有可能享受到好的产品和服务。

否则，如果老板只想做一锤子买卖，砸一单就跑，那么，客户肯定是被坑骗的对象，这方面的例子很多，不用列举大家都很容易理解。

另一方面，即使老板有了做百年老店的意识，如果员工在工作中不尽心尽力，也是很难为客户提供好的产品和服务的——虽然每个企业都可能有个别员工在工作中不尽心尽力，但是，这种员工很容易被老板淘汰掉，另换新人进来，因此，这样的员工并不值得担忧。

但是，如果是因为老板不善待员工，导致绝大部分甚至全部员工都不尽心尽力，那么，企业的失败就无可避免了。因此，企业老板善待员工，在客观上是善待客户，也是善待自己的事业。

刘小波曾在《诚信经营，规范管理，保持企业的可持续发展——隆生企业2007年度管理工作总结报告》中写到这样一句话："企业要对社会负责，必须先对员工负责！"

而2007年美国100家最适宜工作的公司之一四季酒店的创始人、董事长兼CEO谢伊萨多·夏普曾说过堪与这句话接力的另一句话："你如何对待你的员工，他们就会如何对待你的顾客！"

一个对员工负责的企业，员工自然会对客户尽心尽力、负起责任来，因为他要回报企业、回报老板，同时也通过企业的发展，使自己的生活更有保障。

反过来说，一个对员工不负责的企业，员工自然不会对客户尽心尽力、负起责任——因为老板都不为他们负责任，他们凭什么要帮老板发展事业、留住客户呢？

同样以刚才举到的那个老板的公司为例，由于老板对员工只有压榨，没有关心，所以，员工对公司也没有感情——这个公司很少有员工真心为客户服务，有些明明是举手之劳就能帮客户解决的问题，员工们也推三阻四，到处踢皮球，个个说不在自己的职责范围，自己管不了。

事实上，他们不是和客户有仇，他们只是不想帮助老板成功，在刻意拆老板的台。因此，客户的投诉不断，老板频频发火，却也无济于事。每个人都自动地把自己的职责分得毫厘毕现，超出自己职责范围一分一毫的事都不去做，而且还振振有词："我做好了本职工作，我尽到自己的责任了！那不是我的事，我如果管了，就是超越职权了！"

甚至有的员工主动向客户沟通，直接离开公司，把公司的业务接走，单独为客户提供服务，从而让客户少支出许多费用；而自己与在那个公司打工时相比，收入多了几倍。

如果是一个善待员工的公司，就不会这样了。即使明明不是自己职责范围内的事情，也会有员工主动帮助解决，善待客户，让客户体验到春天般的温暖，从而使客户成功地得到良好的产品和服务。更不会发生员工分流公司业务这样明显有违职业道德，甚至有违法之嫌的事。

　　都说顾客是上帝，如果客户在一个公司体验的不是上帝的感觉，那么，中断与这个公司的合作也就是理所当然的选择了。

　　而给客户什么样的感觉，很大程度来源于员工自己从老板身上得到了什么样的感觉，因此，想要让客户成功，就得给予员工应有的尊重，让员工在事业方面获得成功或得到成功的机会。

　　对于任何一个企业来说，如果能够做到老板、员工和客户三个方面的成功，那么，其一定会是一个成功的企业！

　　当然，这里所说的成功，指的是基本意义上的成功，像刘小波先生在《隆生还没有成功》一文中所提到的成功，是更高层次的成功——使公司除了具有稳定增长的利润，深入人心的品牌和品质一流的产品，还要有完整严谨的管理流程，使员工在工作中少走或不走弯路，尽快抵达成功的彼岸……

　　这些，是在那三个基本层面之上，百尺竿头更进一步的成功，是有理想和追求的企业家的鸿鹄之志，是放眼未来的长远目标，其境界远非那些全身心算计着如何让自己手中多几个铜板的燕雀之流的老板所能窥探！